名师名校名校长

凝聚名师共识
回应名师关怀
打造名师品牌
培育名师群体

　　　　　顾明远题

初中化学
实验教学研究

CHUZHONG HUAXUE

SHIYAN JIAOXUE YANJIU

谢 纯 / 著

东北师范大学出版社

长 春

图书在版编目（CIP）数据

初中化学实验教学研究 / 谢纯著. — 长春：东北
师范大学出版社，2022.9
ISBN 978-7-5681-9454-9

Ⅰ.①初… Ⅱ.①谢… Ⅲ.①化学实验—教学研究—
初中 Ⅳ.①G633.82

中国版本图书馆CIP数据核字（2022）第177839号

□责任编辑：石　斌　　　　　□封面设计：言之凿
□责任校对：刘彦妮　张小娅　□责任印制：许　冰

东北师范大学出版社出版发行
长春净月经济开发区金宝街 118 号（邮政编码：130117）
电话：0431-84568023
网址：http：//www.nenup.com
北京言之凿文化发展有限公司设计部制版
北京政采印刷服务有限公司印装
北京市中关村科技园区通州园金桥科技产业基地环科中路 17 号（邮编：101102）
2022年9月第1版　　2022年10月第1次印刷
幅面尺寸：170mm×240mm　印张：11.75　字数：170千

定价：58.00元

目 录

上 篇　我和我的工作室

茶韵化学，浸润心田 …………………………………………………………… 2
心有仰望，足有定力 …………………………………………………………… 16

中 篇　我的教学研究

从初中化学课程标准看科学探究 ……………………………………………… 24
初中化学探究实验课的设计与实施 …………………………………………… 37
利用探究实验促进学生知识系统化 …………………………………………… 52
巧用问题，培养实验素养 ……………………………………………………… 57
有效开展实验教学，培养学生实验素养 ……………………………………… 62
以培养科学探究能力为目的的初中化学项目式教学实践研究 ……………… 69

下 篇　我的教学方法

《氢氧化钠与二氧化碳反应探究》课堂实录 ………………………………… 78
第四单元《自然界的水》课题2《水的净化》教学设计 …………………… 88

第四单元《自然界的水》课题3《水的组成》教学设计 …………… 99

第五单元《化学方程式》课题1《质量守恒定律》教学设计 ………… 110

第六单元《碳和碳的氧化物》课题1《金刚石、石墨和C_{60}》

　　教学设计…………………………………………………… 117

第七单元《燃料及其利用》课题1《燃烧和灭火》教学设计 ………… 124

第八单元《金属和金属材料》课题2《金属的化学性质》（第一课时）

　　教学设计…………………………………………………… 131

第八单元《金属和金属材料》课题2《金属的化学性质》（第二课时）

　　教学设计…………………………………………………… 139

课本实验改进…………………………………………………… 151

家庭小实验……………………………………………………… 164

上 篇

我和我的工作室

茶韵化学，浸润心田

一、导读语

广东省的最东端有一座被誉为"海滨邹鲁""岭海名邦"的城市——潮州，我生在这里，长在这里，在这里执教。从华南师范大学化学系毕业，迈出校门踏上讲台的小女孩，怀揣着对教育事业的热爱之情，在教坛上一步一个脚印走过来，实现了由"南粤优秀师范生"到"南粤优秀教师"的飞跃。

"忽晓从教廿九载，路艰未止任风拍。"凭借过硬的专业本领和执着的研究精神，我在教学旅程中一路成长，一路收获，现是中学化学高级教师，潮州

市湘桥区城西中学分管教学副校长，广东省青少年科技教育协会会员，潮州市初中化学学科中心组成员，潮州市中考化学评卷组组长，潮州市湘桥区初中化学中心组组长、化学学科带头人。

"曾是桑田待育苗，如今硕果已满枝"，我用自己的实力获得了领导和同行的认可，被评为优秀共产党员、区优秀班主任、市优秀班主任、潮州市教育系统名教师，2014年8月获第四届潮汕星河辉勇师表奖，2015年7月被遴选为广东省中小学新一轮"百千万人才培养工程"名教师培养对象，2017年2月被聘为潮州市中小学名教师工作室主持人，2017年7月被评为潮州市湘桥区名优教师，2018年4月被遴选为广东省新一轮名教师工作室主持人，2018年被评为南粤优秀教师，2020年被评为广东省"最美教师""感动潮州十大最美教师"，2021年在潮州市名教师工作室考核中获优秀等次并再次连任主持人。

回顾自己的成长历程，犹如潮州工夫茶一般——入口甘醇，回味无穷，口齿留香。

二、工夫茶精神促我成长

在潮汕本地，家家户户都有工夫茶具，每天必定要喝上几轮。可以说工夫茶从儿童时期就深深扎根在每个潮汕人的记忆里。"壶小乾坤大，茶薄人情厚"，工夫茶推崇"和、敬、精、乐"的精神。作为一个土生土长的潮汕人、一名教师，这种精神始终渗透在我的教学历程中。

1990年我参加了高考，被华南师范大学化学系录取为专科生。不能就读本科成为我心中的遗憾。短短两年的大学生涯，我热衷于读书，图书馆、课室、实验室经常出现我的身影，不服输的我最后以南粤优秀师范生的身份完美地完成了自己的学业。1992年刚满19岁的我被分配到潮州市城南中学当教师。

我任教的学校是潮州一所比较有名气的初级中学，特殊的学科决定我刚踏上讲台就必须担任毕业班的教学。化学虽是我的专业，但学习知识和施教毕竟是两回事，如何把知识、方法、技能授予学生，自己是一片茫然。最初教学的5年，我在教育管理中误认为教师要对学生严格管理，因此，我对学生过分严格，缺少对学生的理解和与学生的交流。课堂教学上，受传统教学思想影响比较深，我和当时很多理科教师一样，还是以讲为主，注重概念和规律的讲解，注重习题训练，强调逻辑推理，还没有真正形成自己的教学风格。"教学是一门艺术，教学是无止境的，你越教就越知道自己的欠缺，越教就越觉得自己需要学习的东西还很多。"我深深地认识到，单凭自己的热情和干劲是远远不够的，教育必须有自己的理念，要有自己的追求，要有自己的主张，更要有自己的风格。

（一）潜心探索教学之路助成长

1997至2004年是我教师生涯中事业发展较快的几年，我的思想和教学方法都走向成熟，教学风格初见雏形。这时候，我虽然也注重向老教师学习，但不是照搬老教师的课堂模式，也不会照搬教参中的教法上课，而是注重对问题的独立思考，我常常把自己假想成学生去面对问题，总想另辟蹊径，让课堂带上自己的个性。这时候我的课虽未形成所谓的风格，但已经独树一帜。我讲课语言简练，逻辑性强，注重化学实验在课堂上的运用。当我所教的学生在各种考试中取得好成绩之后，我也得到了学生的喜欢、家长的肯定、社会的认可、领导的赞扬。可是，在盛赞之后，我感到自己还有许多教育教学上的欠缺，特别是教育教学经验提升是我的软肋。在教育科研上，我更是一无所知，对一些教育现象和教育问题往往无法解析，深感自己在教育教学理论方面的不足，自己的教育、教研技能很难向更高层次发展，专业发展处于高原期，如果不继续学习，我只能是一个教书匠，或者说是一个教学能手。为了提升自己，我开始参加省里的教学培训和教学交流活动。在培训中，通过名师的指引、与同行的探讨、参观学习、课题研究，我才真正触及教育理论和教育前沿的知识，也了解到教育科研的一些基本知识，领会了新课改的实质。特别是聆听专家、学者的报告之后，我想得更多更远了。这鞭策我在教学的同时，把自己在教学实践中的所思所想写成文章。1999年我的论文《浅谈在化学教学中如何培养学生的学习能力》获"九五"规划重点课题《义务教育阶段学生学会学习研究》三等成果奖；2000年我参加湘桥区青年教师观摩比赛获，二等奖；2000年我的论文《创造情景，培养思维能力》参加全国中小幼创新教学研讨会暨优秀成果评选大会获，三等奖；2001年我代表潮州市参加广东省中学化学说课大赛，获二等奖；2003年我参加广东省中青年化学教师实验创新能力大赛，获省二等奖、市一等奖；我的教学设计《水的净化》荣获广东省2004年化学优秀教学设计评选二等奖、市二等奖，同时该节课课例荣获省三等奖，课堂实录在广东省中学化学优秀教学成果评选中获三等奖；我的《自然界的水》案例在广东省教育厅教研室主持的全国教育科学"十五"规划重点课题的《创新教学与创造力培养研究与实验》项目成果评奖中获二等奖。

（二）精心打造特色课堂绽异彩

"教而不研，则教必失之于肤浅。"历经12年的教学摸索后，我体会到传统的、机械的、单一灌输的教学方式不利于提高学生的学习兴趣，严重地阻碍了学生思维的发展。创新教学方式，优化课堂教学，形成高效课堂，成为我的教学追求。教有法，贵在得法；学有道，重在得道。所谓"授之以渔"就是要求教师在教学时教给学生方法，而学好化学最重要的是学会学科思维。发展学生的学科思维是教育的价值追求，也是学好化学最重要的一环。化学素有理科中的文科之称，其繁、杂、乱的特点是学生学习化学困难的原因之一，而死记硬背的学习方法同样是学不好化学的重要原因。爱因斯坦有一句名言："我们所创造的世界，是我们思维的产物，不改变我们的思维，就无法改变我们的世界。"可见，在课堂教学中，教师除了让学生掌握知识的基础，更重要的是发展学生的思维。把知识转变成能力，依靠的就是思维。所以在不断的教学摸索中，我渐渐树立了"为学生学科思维而教"的理念。2005年12月，我凭借自己的实力评上了高级职称，成为全区最年轻的高级教师，这成为我教学上的动力和新起点。繁忙的工作、学习之余，我仍不忘将教学实践升华为理论，笔耕不辍，教学论文时见发表，课题成果频受奖励。2009年5月起我主持省级课题《新课程背景下化学中考优质高效备考》的研究并于2011年12月结题，2012年12月起主持省级课题《初中化学探究实验课设计与实施研究》的研究并于2015年12月结题，2014年11月起主持省级课题《中考备考过程中培养化学学科核心能力的研究》的研究。我借助课题研究进行教改实验，大胆将"为学科思维而教"落实到课堂教学中，注重培养学生的问题意识，课堂教学贯彻以思维为核心，驱使学生积极地思维，不断产生解决问题的办法，不断地提出新的问题。为了改变教师"满堂灌"而学生"静听"，或是教师"电灌"而学生"观看"的模式，为了进行真正的对话，我在课堂教学中经常用有效的问题进行有意识的启发，成了"善问"的教师。

（三）用心浇灌化学之花促提升

2015年我被遴选为新一轮"百千万人才培养工程"名教师培养对象，在参加培训的4年多时间里，在广东第二师范学院的精心安排下，我接受了一次次高端培训，在培训中，我的教学理念和教学观点受到不断冲击；4年多来一群优秀的人聚集在一起，不时有同伴的进步和获奖在分享，一个个喜讯成为激励我前进的动力。培训过程很累，但收获满满。通过参加培训，我清晰地认识到，教学教研的路很长，要走下去必须不断提炼自己的育人思想。作为一个名教师，我不能满足于自己的成功，更应该借自己的绵薄之力推动一方教育的发展。2017年我成为潮州市中小学名教师工作室主持人，2018年被遴选为广东省新一轮名教师工作室主持人。"学高为师，身正为范"，为带动学员开展学习，我严格要求自己，努力为学员做领航人，借工作室在区域里起辐射作用。我连续在区的各次教研活动中为全区教师做讲座，接受省骨干教师的入室跟岗学习，积极参加省厅开展的示范带学活动，带领工作室学员开展送教下乡活动，到薄弱学校指导教研活动……同时，我通过微信公众号和广东省教育资源公共平台将教研资讯和教学资源与众人共享。在此过程中，我不断凝练教学思想，撰写论文，共有3篇论文发表。为更好地带动学员开展课题研究，我申报了广东省中小学新一轮"百千万人才培养工程"执行办公室立项课题《初中化学探究实验教学与学生创新力培养实践研究》、潮州市教育局教育科研领导小组办公室立项的《化学用语核心能力培养的研究》《农村初级中学化学教学模式改革的研究》、韩山师范学院广东省中小学教师发展中心立项的课题《在初中化学实验教学中培养学生创新力的研究》，并顺利结题。目前还在开展研究的课题有广东省教育科学研究项目"十三五"课题《基于核心素养培养的初中化学探究实验实践研究》。我将依托课题研究带动一批志同道合的教师共同为初中化学的教学开辟一条崭新的道路。

三、以"工夫"塑学生化学素养

（一）我的教学风格

以前，潮汕地区的人们把从事带有一定技术含量的工作之人叫作"工夫人"，把做事考究、细心得有点过分的人称为"过工夫"。喝工夫茶是广东潮汕人一件日常生活中最平常不过的事，饭后，或者客人来访，好友相见，都是以一壶茶来陪衬。"工夫"二字在潮汕有做事考究、细致而用心之意。作为土生土长的潮州人，工夫茶的文化也深深影响了我教学风格的形成。工夫茶之功夫全在茶之烹法，虽有好的茶叶、茶具，而不善冲，也前功尽废。教学亦是如此，学生需要善学，教师需要善教。化学是一门以实验为基础的学科，初三是学生学习化学的启蒙阶段，要让学生的学科素养得到较好的塑造，需要教师有功夫、用功夫。在20多年的教学实践中，我逐渐形成了具有自身特色的教学风格：自然、细密、精巧。

1. 自然朴实，感知化学之美

亲其师，方能信其道。因此，讲课亲切自然，朴实无华，不矫揉造作，也不刻意渲染，而是娓娓而谈，是我一直追求的教学风格。要实现这一点，师生之间必须在一种平等、协作、和谐的气氛下进行情感交流，将对知识、方法和技能的渴求和探索融入简朴、真实的教学情境，学生在静静地思考、默默地学习的过程中获得知识并提高能力。因此，课堂上教师应适当留出时间，让学生有一个思考的过程和自我表现的空间，为学生研究性、创造性的学习提供条件。例如，在讲《燃烧和灭火》时，为了让学生掌握本节课的重点，我巧妙地用一根蜡烛开展教学，设置了让学生用尽可能多的方法将燃着的蜡烛熄灭的活动，并让学生自己上台操作。因为这是日常的常识，所以学生非常轻松地想出了"吹灭""用烧杯罩""用水浇""剪掉烛芯""用沙子覆盖"等方法。对应学生的每一种方法，我顺势让学生总结出其应用的灭火原理。在师生愉快的合作和交流中，知识点轻松地得到解决，更重要的是学生通过自己动手、动口、动脑，对知识实现了"知其然，也知其所以然"，对知识掌握得更牢固了。

2. 细密干练，感悟化学之美

潮州工夫茶是潮州人独特的饮茶习惯。工夫茶对茶具、茶叶、水质、沏茶、斟茶、饮茶都十分讲究，这种追求细致的习惯也深深影响了我的教学风格。化学是初三新开设的一门学科，对学生来说有着很重要的启蒙意义，同时化学是以实验为基础的自然科学，对于实验操作的要求和实验现象的描述、解释不能有一点含糊，需要用严谨的态度对待。因此，在教学上我一直严格要求自己，课堂上教学内容和课堂结构组织周密合理，教学语言幽默严谨，让学生乐于接受。

教学过程层次清楚、首尾连贯、简洁匀称、安排得体、完整紧凑。我对学生的要求严格，一丝不苟，给人以稳定、充实、整齐之感。我用教师缜密、清晰的思维，以及对教学的高度责任心和科学求实的精神去感染学生，使学生形成严谨的作风。例如，在讲授过滤的操作时，我注意到学生在回答注意事项"一贴、二低、三靠"时经常出现这样的错误：滤纸紧贴漏斗，滤纸边缘低于漏斗，液面低于滤纸，烧杯紧靠玻璃棒，漏斗紧靠烧杯内壁，玻璃棒靠在三层滤纸的一边，关键词丢失，等等。这些错误使得学生在考试时失分，更重要的是学生严谨的科学态度不能很好地得到培养，而学生在记忆或答题时根本没有意识到自己出现错误。为了解决这个问题，授新课时，我先让学生阅读课本，找出"一贴、二低、三靠"的内容，然后由学生用语言描述来指挥我进行操作，当学生出现错误表达时，我会按照错误操作进行呈现，让他们意识到语言的准确表达多么重要——个别关键字或关键词的丢失会导致意义上的完全不同。这样经过反复训练之后，学生会慢慢养成表达时注意关键字眼的习惯，也会把关注关键字眼的习惯延伸到以后的审题中，达到了事半功倍的效果。

3. 娴熟自如，领略化学之美

潮州工夫茶有一套讲究茶具、茶叶、用水、冲法、品味的茶经，人们需要经过一定的练习才能谙熟冲茶的技巧。工夫茶之功夫，全在茶之烹法，虽有好的茶叶、茶具，而不善冲，也前功尽废。教学亦是如此，"讲课精于教学的技巧，充满机智，各种教学方法、技巧信手拈来，运用自如，恰到好处，并丝毫不带有雕琢的痕迹"，这是我追求的高效率的教学风格，是课堂教学实施追求的一种境界。

整个课堂教学的结构就像被设计好的程序，过渡自然，组织严密，搭配合理，有条不紊。讲解、分析、论证时，思路清晰；提问、讨论、练习时，针对学生的实际情况，照顾到学生的心理特点和接受能力，对学生了解透彻，对教学方法合理运用，对知识重点、难点准确把握。化学课程的安排有一定的顺序，如第二单元《我们周围的空气》、第四单元《自然界的水》、第六单元《碳和碳的氧化物》、第八单元《金属和金属材料》、第九单元《溶液》等，都是从学生身边常见的物质引出的，凸显"化学与生活息息相关"的特点，这样有利于激发学生的学习兴趣和热情。

（二）我的教学主张

（1）求实，让教学更有针对性和实效性。求实就是实事求是，从教学实际出发，实实在在做事，认认真真教学，不管是做学生的思想工作还是日常的教学，只有求实，才能触及教育的真谛；只有求实，才能做好自己的各项工作；

只有求实，才能让学生健康成长。教学是一门科学，我们的教学只有符合学生的实际，才是有效的教学，如果脱离实际，脱离教与学的现实，那么，我们的教学就会缺乏针对性，教学将会是低效或是无效的。化学是一门特殊的学科，很多教师都认为执教这一学科的教师很容易：基本上教材没怎么改变，可以不用备课，一个课件可以永久使用。其实这是一种很大的误解。须知每年的学生都不同，学情每年都在变，教学思路也必须每年改变。尽管执教20多年，对教材内容非常熟悉，深度和广度也把控得很好，但我从不敢懈怠，每一节课都坚持在课前把课件过一遍，根据学情调整教学思路，而且根据上一节课反映出来的问题对教学内容做补充或删减，上完课后马上根据课堂反映出来的问题做备注，对薄弱知识点做好下节课补充的准备，力争让自己的每一节课最适合自己教的学生，让自己的教学更具针对性和实效性。

（2）求新，让创新学习指导渗透课堂教学。我先后以课题研究为依托，确立了"教为主导，学为主体，疑为主轴，动为主线，创为主题"的课堂教学思想，实践了"自主学习—合作探究—创造发展"的创新学习指导的课堂教学模式，给传统的课堂教学注入了"活水"，让课堂教学充满生命活力，最大限度地激发学生的学习兴趣和学习潜能。例如，在课题《初中化学探究实验课设计与实施研究》的研究过程中，我针对不同阶段学生对探究性实验的实施水平和特点，总结了一些不同的教学指导策略，如教师示范策略、边讲边实验策略、合作实验策略、变演示实验为探究性实验策略、动画模拟演示实验策略等；进行了《人体吸入空气和呼出气体的探究》《蜡烛燃烧实验探究》《白磷燃烧的实验》《酒精燃烧的趣味实验》《空气中氧气含量的测定》《氧气的实验室制取》《寻找新的催化剂》《自然界的水》《金刚石、石墨、C_{60}》《木炭的吸附性》《二氧化碳的实验室制取》《能用排水法收集二氧化碳吗》《奇妙的金属性质》《金属的锈蚀》《探究铜的化学性质》《分子的运动》《质量守恒定律》《粗盐的提纯》《探究铝的化学性质》《探究酸的化学性质》《常见的酸和碱》《酚酞试液遇氢氧化钠溶液一定变红吗》《中和反应》《酸碱盐复习课》等课例的探究；在学生探究建构知识的基础上，我进行科学合理的设计，并让学生通过实验探究获得充分体验，在此基础上形成积极的情感、态度和价值观。

（3）求活，让每个课堂都充满活力。知识是有生命的，由师生构成的课堂也是充满生命力的，学生的发展需要从多种多样的生命活动中吸取精华。基于此，我以生为本、以活治学，力求做到"宽而有度，活而不乱"。我通过"以趣引学、以疑激学、学案导学、以思促学、先学后教、互动生成"等教学方式，让学生学得轻松愉快，让知识易学易懂。"活教活学"是我的教学追求。在学生学完第六单元内容后，我通常会开设《生活中的二氧化碳》探究课，以雪碧等汽水为原料，通过精心设计，成功地将初中化学中有关二氧化碳的知识有机地联系起来，包含影响二氧化碳溶解的因素、验证二氧化碳与水和澄清石灰水反应等一系列与二氧化碳性质相关的知识，让学生轻松掌握二氧化碳在日常生活中的应用、溶洞的形成等内容。整节课通过贴近生活的内容选取、情境创设和实验探究拉近了化学和学生的距离，让学生养成在生活中关注常见的化学现象、多进行思考的习惯，成功地将一系列知识通过探究实验有机地结合起来，便于学生对知识的系统化掌握，培养了学生前后知识联系运用的能力。

（4）求精，让自身科研素质精益求精。有了教育的科学，才会有科学的教育。教育改革的深入，离不开教育科研的支撑。在负责科研课题的实践中，我深入学生，深入课堂，调查研究，获得了许多具体材料，写出许多有价值的课题报告和经验总结；我认真钻研教材、教法，使自己由"经验型"教师过渡到"理论型"教师，并由教学能手向教学专家的方向发展。在专业的发展上，精益求精是我的奋斗目标。化学是以实验为基础的学科，学生对化学实验的兴趣比较浓，而化学实验又有一定的危险性，为了让更多学生能够动手做更多的实验，提高学生的动手能力、探究能力和创新能力，我着手研究"身边的化学实验室"，挖掘生活中的废弃物品和简易的实验器材，创设学生家庭实验活动，让学生在家可以体验"排水法收集气体""制取氧气""制取二氧化碳""探究鸡蛋壳的成分""探究催化剂""探究铁钉的生锈条件""自制酸碱指示剂""探究燃烧的条件"等一系列实验，让化学深入学生的日常生活，让学生真正体会到化学就在身边。

四、他人眼中的"我"

潮州工夫茶冲茶时三个茶杯围在一起，形成一个"品"字，凸显了潮州人重品德。2014年8月20日《潮州日报》发表了题为《情系教坛为人师表——记潮汕星河辉勇师表奖获得者谢纯老师》的报道，报道中写道："一所具有区域影响力的学校，必定拥有一支作风硬、实力强的教师团队，湘桥区城南实验中学教研室主任、化学高级教师谢纯便是其中的重要一员。从教28年来，她情系教坛，为教育这一人生的光辉事业孜孜以求，勇于开拓创新，当好学生和青年教师的表率。她以自己的模范行动，为教育界同行树立了一面师德旗帜。她是莘莘学子心目中的优秀老师，也是值得学生家长信赖的好老师。有人说，今日的师德水准就是明天的国民素质，如果每位教师的师德都像谢纯老师一样，我们祖国的明天将无限美好。"

（一）领导眼中的"我"

谢纯老师具有扎实的专业知识和丰富的教学经验，教学成果丰硕，是省化学骨干教师、市化学中心组成员、学科带头人。她专心钻研，精心施教，形成了独特的教学风格；她认真钻研教材，熟悉课程标准和教学要求，熟练掌握多媒体课件的制作方法，以现代教学理念指导教学工作，形成了"视、听、诱、探"的教学特色。

（二）同事眼中的"我"

在教学、教研、科研过程中，谢纯老师带头进行教改实验，带动全校青年教师进行教学方法的探索。她发扬"传、帮、带"精神，言传身教，处处起表率作用，采用为青年教师开示范课、说课、开设讲座等多种形式，有目的、有计划地培养青年教师，引导青年教师掌握科学的教学方法。她深入课堂听课、评课，具体指导青年教师的课堂教学，对青年教师的课堂评价中肯并提出行之有效的改进意见，深得学校各科组教师的认同。她经常利用休息时间指导青年教师总结教学经验，撰写论文和教学设计，就连深入乡村学校支教的路上，也有她匆匆的身影。担任行政职务16年来，她坚持在教学第一线默默奉献，不断开拓进取，乐于与同事分享教学经验。她说："我愿意做人梯，做基石，让年轻教师踏着我的肩膀快速提升业务水平，尽快成长。"

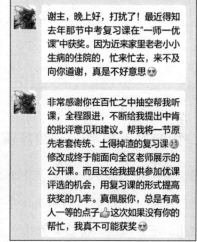

（三）学生眼中的"我"

陈钺（2018年考入金山中学志博班）：她能用慈母般的柔爱和严父般的凛威去教导学生。她面向全体学生，根据学生的不同特点调整教学重点。她擅长"唤醒"学生，让学生潜在的学习能力和学习兴趣从沉睡中苏醒，所教的学生学习干劲大、兴趣高，我们都喜欢她的课。

林昊琦（2013届化学课代表）：谢老师的课堂轻松活跃，气氛十分好。她幽默风趣，丝毫不死板，还能教给我们生活常识，让我们懂得很多课本外的知识，扩大了我们的知识面，让我们在知识的海洋里遨游。

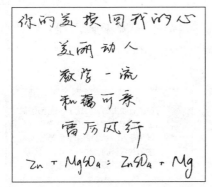

五、我的育人故事——教育资源应如好茶般共享

潮州工夫茶在当地不分雅俗，十分普遍，人们均以茶会友。不论是公众场合还是居民家中，不论是路边村头还是工厂商店，无处不见人们长斟短酌。教育也应如此，不分地域，优质资源共享是提升农村教育水平的一个重要途径。

2007年，我到意溪镇初级中学支教一年，长年在市区优质学校任教的我根本没想到仅仅一江之隔的意溪镇的教学设施和条件居然和市区相差那么远。城南实验中学是潮州市第一所实现所有教室都有电脑演示平台的学校，每间教室都安装了空调，每个学生都是通过自主招生进学校的。而意溪镇初级中学是一所原汁原味的农村学校，不要说什么电脑设备，打开化学实验室时，迎面而来的是一股霉味，我接触到的第一样东西是蜘蛛网，教学理念的落后使得该校教师将实验室尘封了好久，没有药品、仪器欠缺是摆在我面前的实际困难，一种畏惧感重重地向我袭来。

第一节课上课时，讲台下一双双充满期盼的眼睛望着我，好像在对我说："老师，我们好幸运遇见您。"下课时，腼腆的科代表走到我前面，小声问："老师，您真的来自城南实验中学？"（城南实验中学是自主招生的学校，学生和教师在全市都评价很高）我点头的瞬间，他开心一笑，说了句："我一定会学好化学的。"短短的两句对话，让我马上意识到真该为这个学校做点什么。

当时因为城南实验中学也缺少化学教师，所以我成了在两所学校都要任教的教师。利用这点优势，我充分利用资源，当支教学校缺少实验器材，甚至连演示实验都不能开展的时候，我会从城南实验中学这边借用仪器，化学仪器大多数是玻璃仪器，我会想尽办法包装好。一年下来，课本所有的演示实验一个也没有落下，而且开展了分组实验。那时，每天我的摩托车上都有一个实验准备箱，叮叮当当的玻璃仪器碰撞声风雨无阻地伴随着我一年的支教之路。两周后，科代表发现了这件事，他自觉发动男同学轮流在摩托车停放处等我，为的就是能帮我提实验准备箱。为了不辜负他们真诚的守候，我每天到学校基本都是掐准时间点，经常出现师生同时到达摩托车停放处的现象，这时师生露出的会意的笑容只有我们懂。

为了解决学生教辅材料缺乏的实际问题，我根据学生实际水平编写相应的练习题和提纲，通过自己的精彩课堂让全体学生学习化学的热情高涨。慢慢地，我发现他们的水平可以赶上城南实验中学的学生了，我便鼓励学生试着做城南实验中学的练习题，甚至试着做统一考试试卷，看着学生"我行吗"—"我能行"—"我行"—"我一定行"的慢慢转变，我觉得什么辛苦都不是事。科代表石翔从第一次实验不敢划火柴慢慢成长到能独立演示讲解"二氧化碳的制取"，从第一次考试的80分到第二学期"天原杯"化学竞赛的省二等奖，创造了学校的历史。该学生后来也考上了南方医科大学硕博连读，他说："能有这样的成绩，全靠初中基础打得好，对化学的热爱，完全出自对谢老师的崇拜。"听了学生这样的话，一股暖流在我心里流动，这一年的辛苦值了。

支教一年时间很短，但因为我的带动，学校和意溪初级中学成为"拉手帮扶"结对学校，连续好几年的帮扶使这所学校很多青年教师得到了指导，促进了这所学校的良性发展。

六、教学过程与反思——走进我的茶味课堂

见本书教学方法篇。

心有仰望，足有定力

——记我的工作室

一、工作室理念和工作室特色

1. 工作室理念

在合作研修中成长，在自我反思中提升，搭建教育研究的平台、教师成长的阶梯、引领辐射的中心。

2. 工作室特色

理论与实践相结合、自主与交流相结合、学习与应用相结合、反思与提升相结合。

3. 工作室Logo

工作室Logo以初中化学常见仪器锥形瓶为基本图像，寓意每位学员都是一个容器，参与工作室学习能接收更多的新理念，提升自身的学科素养；以蓝色为主导色，加入绿色小液滴，寓意主持人期望所有学员都能通过入室学习达到"青出于蓝而胜于蓝"的效果。

二、工作室特色凝练和品牌建设

一路奔跑，一路追梦，一路成长，不止于前，不怯于未来，成果的背后都有不同的努力，努力的背后见证了创新的力量。

2017年3月，潮州市谢纯名教师工作室伴着温暖的春风正式挂牌成立，2018年4月，我被选为广东省新一轮名教师工作室主持人。谢纯名教师工作室在市、区教育局的指导和帮助下，充分发挥名师在课堂教学、课改实验、课题研究、师资培养等方面的示范、指导、引领作用，促进了工作室成员教学能力、学术研究能力、学术修养以及专业素质等的整体提升。2017年，我们凝心聚力，幸福同行；2018年，我们目标坚定，竿头直上；2019年，我们沉淀经验，散发芬芳；2020年，我们收获成果，获得好评；2021年，我们扬帆起航，再度出发。总结过往，我们不忘仰望星空，更不忘脚踏实地，坚定走好成长路上的每一步。

1. 课堂，提供"历练舞台"

"名师是从课堂上走出来的。"工作室成立以来，工作室学员在各级活动中共开了近20节公开课。每节公开课对教者而言都要经历同课多轮的锻炼，这对教师而言是深度思考、反复琢磨、集思广益、不断改进的过程，它给教师带来的专业体验和行为跟进是常态课所无法比拟的。与此同时，一次次公开教学展示和送教活动也给全市教师、同学科教师提供了很好的学习、交流的机会，促进了学科教研的深入，使名教师工作室在课堂教学研究上的作用得到了充分发挥。陈汶蓉老师的教学设计《利用化学方程式简单计算》获省二等奖；韦泽文老师的教学设计《课题2，二氧化碳制取的研究》获省二等奖；2019年9月，黄少钿老师的教学设计《水的净化》获市一等奖，该节录像课还在广东省"一师一优课"评比中被评为省级优课；2017年10月，在潮州市青年教师说课比赛中，陈汶蓉老师获特等奖，刘晓燕老师获一等奖，彭妙菊老师获二等奖；2017年12月，陈汶蓉老师在首届广东省中小学青年教师能力大赛中获三等奖；2019年12月，苏培成老师的课件《燃烧和灭火》获省级三等奖；2019年4月，在潮州市"一师一优课、一课一名师"评比中，黄镇慧老师的课例《单元复习》和《如何正确书写化学方程式》、苏培成老师的课例《分子和原子》和《化学元素与人体健康》、洪彦芬老师的课例《化学肥料》分别被评为市级和区级优课……

工作室成立之后，还邀请专家开设讲座，依托韩山师范学院的高校资源，积极推动学员掌握微课制作的技术和运用微课"翻转课堂"的理念。工作室成立以苏培成、刘晓燕老师为首的微课制作骨干团队，带领和指导其他成员制作微课。在大家的共同努力下，工作室已经出品微课几十节，并选送部分作品参加各级比赛，取得了辉煌成绩。粤东地区第四届微课大赛中，刘晓燕老师的微课《二氧化碳和氢氧化钠的实验探究》获一等奖；2019年12月，苏培成老师的微课《加热高锰酸钾制取氧气》获全国一等奖。

学员们在自己的努力下，在专业上也迅速成长。2018年12月，刘英霓、陈坤才、黄镇慧老师顺利通过潮州市中小学高级教师职称评审委员会评审，晋升为初中化学高级教师；2019年11月，刘晓燕老师晋升为初中化学一级教师；2019年12月，韦泽文、洪彦芬老师顺利通过潮州市中小学高级教师职称评审委员会评审，晋升为初中化学高级教师。同时，各位学员的工作业绩和成效都获得了学校领导、教师以及学生的认可。韦泽文老师被评为开元中学2017年度优秀教师，刘晓燕老师被评为广东省优秀工会工作积极分子，刘晓燕、刘英霓老师年度考核优秀，吴桂燕老师被评为潮安区优秀班主任。2020年更是丰收的一年，我被评为广东省"最美教师""感动潮州十大最美教师"，工作室学员苏培成老师入选全国乡村优秀青年教师培养奖励计划，王志宏被评为潮州市优秀班主任，郑道武被评为潮州市优秀教师，陈汶蓉和刘晓燕被评为湘桥区优秀班主任。

2. 科研，构筑智慧高地

教而不研则浅，研而不教则空。谢纯名教师工作室倡导在对话中学习、在合作中成长，以教学实际问题为主题，通过学习、实践、合作、反思、写作、总结、展示等方式，争取实现知识转化与生成，形成心得体会、教学反思、课例案例、微课等情境化、过程化、动态性、生成性、个性化的教学资源。工作室成立后，定期开展活动，使工作室成为合作交流、对话互动的知识创新平台和创新共同体。根据工作计划，工作室每月基本都会开展一次研讨活动，通过不同形式的交流，达到让学员共同提升的目的。工作室有独立的微信群，成为工作室成员日常教研的阵地；工作室有网络空间，成为学员汇报成果、交流资料的有效途径；工作室有微信公众号，每次的活动都及时发送推文，成为工作室传播信息的手段。在工作室的引领下，学员们从陌生走向熟悉，走向了解，走向合作；在大家的共同努力下，工作室形成大量共享资源，有课例、微课、学案、实验报告、论文等。大家把学习中收获的东西凝聚起来，形成工作室的特色资源，达到共同进步的目的。

在科研过程中，根据学科特点和课题研究方向，工作室大力开发"化学家庭小实验"的教学资源，引导学生利用身边的废弃物品和生活中常见的物品动手实验，让每个学生都能在家里动手做实验，不仅培养了学生学习化学的兴趣，体现了绿色化学的教学理念，培养了学生的化学学科素养，更重要的是解决了粤东地区学校普遍不能开展分组实验教学的困难，填补了学生动手实验的空白，惠及广大学生。

3. 对话，碰撞丰富思想

"与智者同行，你会不同凡响；与高人为伍，你能登上巅峰。"借助专家指导，赢得智慧引领，名教师工作室才能成为优秀教师的发源地、优秀青年教师的聚焦地、未来名师的孵化地。

工作室成立以后，除了开展入室学员的跟岗培训之外，还在2018年和2019

年分别承担了广东省化学骨干教师跟岗任务。工作室主持人以此为契机，聘请了十多位省级专家为学员做讲座，从教学理念、实验操作、学科素养、教师礼仪、信息技术、微课制作、教学风格等多个角度，全方位对学员进行理论指导，提升学员的理论修养。同时，骨干教师通过与学员之间开展同课异构、听课和评课活动，进行教学思维的碰撞，提升学员的教学实践能力。在活动中，工作室不忘辐射引领的责任，开展了近10次送课下乡活动，并通过开设讲座、示范课、论文和课例指导，对全区乃至全市的化学教师进行培训，为广东省骨干教师、广东省乡村实验教师、粤东西北教研组长、广东省乡村骨干教师等做了多场讲座和论文、说课的评审。

4. 线上线下，逆"疫"有为

为抗击疫情，确保师生生命安全和身体健康，教育部专门下发通知，要求2020年春季延期开学，阻断疫情向校园蔓延，并鼓励广大师生"停课不停教，停课不停学"，利用网络资源和平台合理开展线上教学。为发挥工作室的引领带头作用，我们未雨绸缪，及早组织工作室成员开始线上教学的准备工作，为疫情期间学生的居家学习提供了强有力的资源保障。

工作室成员利用信息技术开展微课制作，针对线上教学可能出现的问题，想方法，找对策，明确分工，协作推进。学员们之前都已参加过微课制作培训，有的还在全国、粤东地区微课大赛中获奖，积累了较丰富的微课制作经验，为本次线上教学活动打下了良好的基础。工作室统筹策划，把微课内容分为上册的复习课和下册的预习课，有利于学生对已学知识的巩固，也为开学后新知识的学习打下了扎实的基础，让学生足不出户即可享受到有针对性的学习体验。虽是假期，但每到夜深时，工作室成员仍在微信群里热烈讨论录制微课的各项事宜，相互审核课件。我为成员们提供了各种有效资源，不断叮嘱他们对待备课要本着高度负责的态度，特殊时期，正是考验我们的时候！

从2020年2月8日开始，工作室全员披星戴月，一往无前地投入线上教学中，用实际行动回应学生和家长们"停课不停学"的期盼，共上线约55节微课和一系列中考专题训练，为学生居家学习提供了丰富的学习资源。同时，为了保证"停课不停学"期间即将中考的学生安心进行同步复习，工作室任教初三的教师继续补充更新中考复习课程，陆续推出新中考模式各题型的训练系列专题，为中考考生后阶段的复习助力。

疫情无情人有情，在这"阳春"而"黯淡"的时节，广东省谢纯名教师工作室凭借智慧、能力与担当，交出一份写在"云"端的美丽答卷，用实际行动为初中化学教育教学做出了应有的贡献，让教学工作始终沿着有情怀、有温度、有深度的方向稳健前行！

静待花开会有时，桃李芬芳香满园。在工作室期满考核时，专业化指导让我们前行于榜样的引领下，于聆听中收获；专心于研课，让我们浸润在美好的课堂中，于互助中提升；专注于过程，让我们交汇彼此的智慧，于共享中成长……一群人怀着初心与匠心，行走在化学教学研究之路上，在渐进中遇见一个更好的自己，享受教育生活的生动美好！

中 篇

我的教学研究

从初中化学课程标准看科学探究

　　化学是学生在初三新接触的一门学科，教材对化学的定义是，"化学是研究物质组成、结构、性质以及变化规律的科学"。初中化学的学习作为启蒙对学生后续学习这一学科起着关键性的作用。《义务教育化学课程标准（2011年版）》（以下简称《课程标准》）前言课程性质中提出义务教育阶段的化学课程是科学教育的重要组成部分，应体现启蒙性和基础性。科学探究有两层含义：一是科学家的科学研究工作，二是学生的科学探究学习活动。虽然科学家的科学探究和学生的科学研究学习在探究的对象和目的上有所差异（科学家是对未知世界的探索，目的是发现科学知识、科学规律、科学理论；而学生的科学探究是对科学家已经发现的知识、结论、原理、规律、方法等进行的探究，目的是掌握科学知识、形成科学观念、训练科学方法），但是两者在本质上是一致的，都是一个从未知到已知的探索、发现的过程。学生的探究是在经过精心创设的情境下对科学家的科学研究的一种模仿，是一个典型化、简约化的科学探究活动。义务教育阶段化学课程中的科学探究是学生积极主动地获取化学知识、认识和解决化学问题的重要实践活动，也是义务教育阶段化学课程的目标和重要内容，对发展学生的科学素养具有不可替代的作用，要提供给学生未来发展所需要的最基础的化学知识和技能，使学生从化学的角度初步认识物质世界，提高学生运用化学知识、科学方法分析和解决简单问题的能力。

科学探究在义务教育化学新课程中占有十分重要的地位。新的义务教育化学课程将培养学生的科学素养作为化学课程的主旨和根本性目标，并将科学素养这一总目标划分成知识与技能、过程与方法、情感态度与价值观等三个维度。要达成这三个维度的目标，必须通过一定的载体或活动来体现，科学探究是其中最为有效的一种载体或活动形式。

一、科学探究的育人作用

教材中明确指出，"化学是一门以实验为基础的科学"，那么，学生实验素养的形成也是在初中阶段。《课程标准》也指出，要帮助学生体验科学探究过程，在活动中激发学生交流讨论的热情，启迪学生的思维，拓宽学生的视野，提高学生的实践能力，引导学生初步认识化学与环境、化学与资源、化学与人类健康的关系，帮助学生逐步树立科学发展观，认识化学对社会发展的重要作用，增强对自然和社会的责任感，在实践中不断培养学生的创新意识，使其在面临和处理与化学有关的社会问题时，能做出更理智、更科学的思考和判断。

1. 科学探究可以激发学生的学习兴趣

化学实验一般伴随着颜色改变、放出气体、生成沉淀等现象，这些现象冲击着学生的视觉，大部分学生都是因为对化学实验感兴趣从而产生学习化学的兴趣的，所以大部分化学教师都会在第一节课设置"魔棒点灯""烧不坏的手帕"等兴趣实验。很多学生在初学阶段都会期盼每一节课都有实验，在他们眼中，教师就像魔术师一样。其实在整个初三化学学习过程中，很多学生都对有实验的单元比较感兴趣，所以，作为化学教师需要利用这一特点，结合具体的教学内容，积极创造条件，通过多种途径，安排和组织学生合理开展科学探究，让学生在科学探究的过程中培养学习化学的兴趣。教学至少应完成下列化学实验活动：氧气的实验室制取与性质实验、二氧化碳的实验室制取与性质实验、粗盐的提纯实验、金属的物理性质和某些化学性质的探究实验、钢铁锈蚀条件的探究实验、一定质量分数的氯化钠水溶液的配制实验、酸和碱的化学性质实验、溶液酸碱性的测定实验、常见氮肥的检验实验等。如果有条件，教师还可以根据教材开发关于知识技能掌握的探究实验。例如，教师在"二氧化碳的实验室制取"中可以设置探究选择合适药品的环节，通过"碳酸钠与稀盐酸"和"石灰石与稀盐酸"的对照实验，除了让学生得出"碳酸钠与盐酸反应速率太快，不利于收集"的结论之外，还可以让学生掌握"增大反应物间的接触面积可以加快反应速率"。再如，教师通过"石灰石与稀盐酸"和"石灰石与稀硫酸"的对照实验，除让学生掌握选择的酸必须是稀盐酸外，还可以让学生知道生成物也可能影响反应的进行；再通过分析为什么不能用浓盐酸制二氧化碳，让学生再次掌握反应物的浓度会影响生成物的纯度；通过增设探究实验，逐步引导学生掌握如何选择合适的反应物来制取其他气体的方法和思路。

2. 科学探究可以帮助学生掌握解决问题的思维方法

科学探究可以让学生在体验探究的过程中，通过实验和应用化学知识认识和解决问题，可以对学生进行观察、测量、比较、简单的实验条件控制、记录、化学用语化、表格化、表征性抽象、模型化等科学方法的教育。科学探究过程一般包含"提出问题、猜想与假设、制订计划、进行实验、收集证据、解释与结论、反思与评价、表达与交流"等环节，循环反复训练，有利于帮助学生掌握解决问题的思维方法。第一单元课题2中"对蜡烛及其燃烧的探究"是学生接触的第一个探究实验，明显给学生指明了化学学习的特点——关注物质的性质，关注物质的变化，关注物质的变化过程及其现象。接下来"对人体吸入的空气和呼出气体的探究"就逐步体现了科学探究的要素，探究标题"吸入的空气与呼出气体有什么不同"提出了问题，然后明确指出，"实验中我们将主要观察呼吸前后氧气、二氧化碳、水蒸气含量的变化"，即制订了计划。这时教师很容易引导学生做出猜想和假设，然后进行实验、收集证据，再根据已有的生物知识做出解释并得到结论。这样，解决问题的思维方法会在这种模式中反复得到锻炼和提高，有利于学生学习化学。

3. 科学探究可以帮助学生建构知识

初中化学知识虽然简单，但是比较分散和零碎，不利于学生掌握。所以很多学生在学习化学的过程中经常会遇到掌握知识的瓶颈，特别是在酸、碱、盐的学习中这种现象更为明显。为解决这一问题，教师可以有目的地设置科学探究，帮助学生建构知识。例如，在酸碱盐的复习课中，教师可以选用氢氧化钙溶液、盐酸、碳酸钠溶液、酚酞溶液四种试剂，设置"清水—'红酒'—'白酒'—'牛奶'—'雪碧'"的魔术表演，目的就是要帮助学生复习酸碱盐的化学性质的知识。学生在教师的指导下完成以下实验：

（1）向氢氧化钙溶液中滴加酚酞溶液，氢氧化钙溶液呈碱性，使得无色酚酞溶液变红，因此清水变成了"红酒"，得出"碱溶液能与酸碱指示剂反应""无色酚酞溶液遇碱溶液变红色"等实验结论。

（2）向"红酒"中滴加稀盐酸，盐酸和氢氧化钙发生反应，"红酒"变成了"白酒"，得出"酸能与碱反应"结论，同时可以推断出"中性溶液和酸性溶液不能使无色酚酞溶液变色"。

（3）向"白酒"中滴加碳酸钠溶液，碳酸钠与反应（2）中生成的氯化钙反应，生成不溶于水的碳酸钙，"白酒"变成了"牛奶"，得出"盐能与盐反应"结论。

（4）向"牛奶"中滴加盐酸，碳酸钙与盐酸反应生成能溶于水的氯化钙和二氧化碳，"牛奶"变成了"雪碧"，得出"酸能与盐反应"结论。

其实，利用这四种简单的试剂，教师可以大胆地把科学探究的设计主动权交给学生，学生完全能够通过合作，发挥他们的能力，设计出"清水变'牛奶'""'红酒'变'奶昔'"等形式多变的实验出来，然后通过总结，构建完整的酸碱盐的化学性质的知识网络。这样的学习模式收获的效果远远超过其他方式的学习效果。

4. 科学探究可以帮助学生获得积极的情感体验

《课程标准》前言基本理念中提出：让学生有更多的机会主动地体验科学探究的过程，在知识的形成、相互联系和应用过程中养成科学的态度，学习科学方法，在"做科学"的探究实践中培养创新精神和实践能力。科学探究往往基于一个问题，学生提出各种猜想，依据已学知识、将学知识或查阅资料等，设计实验方案并动手实验，然后依据实验结果得出结论。整个实验过程不仅可

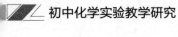
以训练学生思考问题和解决问题的能力，而且可以让学生提出质疑并进行拓展延伸，同时让学生的合作能力得以提升。学生通过自己"提出问题—做出假设—设计实验—动手实验—得出结论—反思评价"获得的知识掌握比较牢固，而且能激发学习兴趣，收获成功的喜悦。学生在合作中开展探究实验，有利于培养实事求是、尊重科学、勇于探索、追求真理、乐于奉献、造福人类的科学精神；有利于提高科学道德认识和科学道德体验水平，培养团结协作、求实创新、认真不苟、勤俭节约、注意卫生、爱护环境等科学态度和科学品质；有利于培养辩证唯物主义世界观和爱国主义情感；有利于培养理论联系实际、知行统一的学风。

二、《课程标准》中科学探究的学习内容

《课程标准》对科学探究主题的内容和学习目标从四个方面提出了具体要求。

1. 增进对科学探究的理解

（1）体验到科学探究是人们获取科学知识、认识客观世界的重要途径。

（2）意识到提出问题和做出猜想对科学探究的重要性，知道猜想与假设必须用事实来验证。

（3）知道科学探究可以通过实验、观察等多种手段获取事实和证据。

（4）认识到科学探究既需要观察和实验，又需要进行推理和判断。

（5）认识到合作与交流在科学探究中的重要作用。

2. 发展科学探究能力

探究要素和目标要求见表1。

表1

要素	目标
提出问题	1.能从日常现象或化学学习中，独立地或经过启发发现一些有探究价值的问题。 2.能比较清楚地表述所发现的问题

续表

要素	目标
猜想与假设	1.能主动地或在他人的启发下对问题可能的答案做出猜想或假设。 2.具有依据已有的知识和经验对猜想或假设做初步论证的意识
制订计划	1.在教师指导下或通过小组讨论，提出活动方案，经历制订科学探究活动计划的过程。 2.能在教师指导下或通过小组讨论，根据所要探究的具体问题设计简单的化学实验方案，具有控制实验条件的意识
进行实验	1.能积极参与化学实验。 2.能独立地或与他人合作进行实验操作。 3.能在实验操作中注意观察和思考相结合
收集证据	1.认识收集证据的重要性。 2.学习运用多种手段对物质及其变化进行观察。 3.能独立地或与他人合作对观察和测量的结果进行记录，并运用图表等形式加以表述。 4.初步学会运用调查、资料查阅等方式收集解决问题所需要的证据
解释与结论	1.能对事实与证据进行简单的加工与整理，初步判断事实证据与假设之间的关系。 2.能在教师的指导下或通过讨论，对所获得的事实与证据进行归纳，得出合理的结论。 3.初步学习通过比较、分类、归纳、概括等方法认识知识之间的联系
反思与评价	1.有对探究结果的可靠性进行评价的意识。 2.能在教师的指导下或通过讨论对探究学习活动进行反思，发现自己与他人的长处以及存在的不足，并提出改进的具体办法。 3.能体验到探究活动的乐趣和学习成功的喜悦
表达与交流	1.能用口头、书面等方式比较明确地表述探究过程和结果，并能与他人进行交流和讨论。 2.与他人交流讨论时，既敢于发表自己的观点，又善于倾听他人的意见

3. 学习基本的实验技能

学生具备基本的化学实验技能是学习化学和进行探究活动的基础和保证。

初中生的化学实验技能应达到如下要求：

（1）能进行药品的取用、简单仪器的使用和连接、加热等基本的实验操作。

（2）能在教师指导下根据实验目的选择实验药品和仪器，并能安全操作。

（3）初步学会配制一定溶质质量分数的溶液。

（4）初步学会用酸碱指示剂、pH试纸检验溶液的酸碱性。

（5）初步学会根据某些性质检验和区分一些常见的物质。

（6）初步学习使用过滤、蒸发的方法对混合物进行分离。

（7）初步学习运用简单的装置和方法制取某些气体。

4. 完成基础的学生实验

教师要创造条件，安排和组织学生至少完成下列化学实验活动：

（1）氧气的实验室制取与性质。

（2）二氧化碳的实验室制取与性质。

（3）金属的物理性质和某些化学性质。

（4）燃烧的条件。

（5）一定溶质质量分数的氯化钠溶液的配制。

（6）溶液酸碱性的检验。

（7）酸碱的化学性质。

（8）粗盐中难溶杂质的去除。

三、科学探究的重要途径——实验

《课程标准》前言设计思路中提出：科学探究是一种重要而有效的学习方式，实验是学生学习化学、进行科学探究的重要途径，观察、调查、资料收集、阅读、讨论和辩论等都是积极的学习方式。《普通高中化学课程标准（2011年版）》明确了化学课程的基本理念，其核心是让学生在知识探索的过程中，在知识、学法、人文等方面得到发展。其中第5条特别强调，教师通过以化学实验为主的多种探究活动，使学生体验科学探究的过程，激发学生学习化学的兴趣，强化学生科学探究的意识，促进学生学习方式的转变，培养学生的创新精神和实验能力，根据新的教学理念及由此产生的新的课程标准对实验进行表述。初中是学生学习化学的启蒙阶段，所以实验教学的重要性不言而喻。

实验教学中的问题发现和形成、实验设计、操作、观察、思维、表述和交流等科学实践活动可以有效地培养学生的实验意识、课题发现能力、实验设计能力、实验观察能力和实验操作能力，可以有效地培养学生的思维习惯和思维能力。这是其他活动形式难以替代的。

从构成要素来看，化学实验是科学探究的构成要素之一；从活动形式来看，化学实验是科学探究活动的主要方式；从学习内容来看，化学实验是科学探究主题重要的组成部分；从培养途径来看，化学实验是发展科学探究能力的重要途径。显然，化学实验对有效开展科学探究活动、落实化学的科学素养教育目标具有重要的意义和作用。

1. 实验对培养学生的创新精神和能力有着独特的作用

创新教育是素质教育的核心，而化学实验在培养学生创新精神和创新能力方面有着独特的作用。化学实验以其生动直观、现象新奇等特点能引发学生强烈的好奇心和求知欲，容易使学生对教学活动产生浓厚的兴趣。而兴趣是创造性思维成果的前提和条件。据了解，很多学生对化学的兴趣都源自他们眼里神奇的化学实验——刚开始学习化学的时候不少学生课前都期盼化学老师带着实验用品来到教室。教师可以利用此契机调动学生学习主动性，把更多的问题抛给学生去思考、去讨论、去解决，这样，学生参与学习的主动性会在不知不觉中形成。在学生接触化学初期，教师开展实验教学时要充分采用发散性问题给学生提示，步步启发，层层诱导，促使学生产生多种独特的想法，提高学生的创造性思维能力。教师可以结合教学内容，选择适当的实验设计题，让学生发挥自己的聪明才智，大胆设计方案。

2. 学生对科学方法的认识需要进行实验

化学实验"着眼于提高21世纪公民的科学素养"。实验教学能够提供必要的感性材料，为学生形成重要的科学观念和科学思想，以及形成科学的概念、原理等提供素材；能够为培养学生技能、促进其手脑并用提供练习和实践机会；能够帮助学生理解、掌握、应用和巩固有关的知识、技能，继承前人积累的最基本的经验，形成自己的体验。教材在安排上实际也遵循了这样的规律。例如，在学习空气中氧气含量的时候，教材先介绍拉瓦锡的实验，再利用相同的原理通过红磷在空气中燃烧的实验让学生来理解、掌握相关的知识。那么，有经验的教师不是在这个地方简单地介绍相关的知识，而是设置这样的问题：①选用的药品除了能与氧气反应，能不能与其他物质反应？②认真观察装置，是密闭体系还是开放体系？③反应过程中，装置内的汞柱有没有发生变化，为什么？④实验过程中我们应该注意观察什么？……这样层层设问实际上是为后面的实验学习做铺垫，让学生带着问题动手实验，让学生通过实验解决问题，达到知其然也知其所以然的效果，这才能真正达到实验的目的。

实验教学常常与假设、条件控制、观察、测量、收集和运用数据、资料加工整理等科学方法和思维方法密切联系，实验教学能使学生受到生动的科学方法熏陶和训练，使他们认识和理解科学过程，学会"从事科学研究"。例如，在讲催化剂概念的时候，教师可以让学生先读催化剂的概念，通过小组讨论找出关键词"改变化学反应速率""化学性质在反应前后不变""质量在化学反应前的不变"，然后认真解读"过氧化氢制氧气"的实验。教师可将实验方案设计如下：

（1）称取一定质量的二氧化锰。

（2）先把带火星的木条伸入盛有过氧化氢溶液的试管中，观察木条不复燃，得出常温下过氧化氢分解的速率很慢的结论；再向过氧化氢溶液中加入已经称好质量的二氧化锰，伸入带火星的木条，观察到木条复燃，得出二氧化锰能改变过氧化氢分解的速率，突破第一个关键词——"改变化学反应速率"。

（3）待试管中不再产生气泡时继续加入过氧化氢溶液，观察到又有气泡产生，生成的气体能使带火星的木条复燃。如此重复实验，得出二氧化锰的化学性质不变，突破第二个关键词——"化学性质在反应前后不变"。

（4）将试管中混合物进行过滤，滤渣洗涤、干燥、称量，对比反应前的质量，得出二氧化锰的质量不变，突破第三个关键词——"质量在化学反应前后不变"。

教师通过实验让学生掌握一个概念的关键词，不仅可以让学生印象深刻，

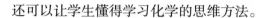

还可以让学生懂得学习化学的思维方法。

四、科学探究教学的几点思考

1. 探究水平的提高应有阶段性

学生接受知识是个循序渐进的过程，千万不能操之过急。科学探究教学过程应该由开始"教师参与环节多，活动中主体成分大"逐步过渡到最后"学生参与环节多，活动中主体成分大"，教师的角色应该由开始的"探究活动的设计者和引导者"过渡到最后的"学生探究活动的欣赏者和适时介入的合作者"。教材在编排上也彰显了这一特点，在《化学是一门以实验为基础的科学》中提出"让我们一起在实验中学习科学探究的方法"，也将实验的步骤设计明显地写出来，让学生懂得化学实验应该观察什么、思考什么、记录什么，将思维方式呈现给学生。教材从探究"分子运动现象"就开始让学生观察现象并解释原因，到"分解过氧化氢制氧气的反应中二氧化锰的作用"的探究出现了"分析与讨论"，这样层层推进，让学生慢慢体验探究的方法和思维，慢慢感受学科的思维方法，提升学科素养。

2. 科学探究环节的体现不一定面面俱到

科学探究涉及提出问题、猜想与假设、制订计划、进行实验、收集证据、解释与结论、反思与评价、表达与交流等环节。但并不是每次探究都需要面面俱到，应从学生实际和探究课题的复杂性出发，设计探究的基本环节，确定探究活动的重点。在学生刚开始接触科学探究的时候，教师可以将环节简单化，一般可以先从指导学生如何观察实验现象入手，让学生明白可以利用除味觉以外的所有感官去观察实验现象，接着引导学生用规范的语言描述实验现象和结论，在学生掌握这些基本技能之后再开展其他环节的训练。教材实际也做出了这样的安排，第二单元课题2《氧气》实际上就要求学生通过观察实验现象、描述实验现象，并根据实验现象得出氧气的相关性质的结论，第二单元课题3《制取氧气》则开始渗透其他科学探究的环节，通过搭建认识阶梯，让学生逐步形成解决科学探究各环节的能力，符合学生的认知规律。

3. 科学探究问题应具有驱动性

科学探究一般源于问题的提出，问题情境能激发学生的好奇心，好奇心可以转化为求知欲从而引发对问题探究的动力。在学习二氧化碳的实验室制取时，教材先安排对比用过氧化氢和高锰酸钾制取氧气的不同，得出气体的制取应考虑发生装置和收集装置：发生装置的选择必须考虑反应物的状态和反应条件，收集装置的选择必须考虑气体的密度和水溶性。随后教师给出仪器让学生自己组装制取二氧化碳的发生装置。问题抛出后，教师可以大胆让学生分组自由组装，然后展示并介绍所组装的发生装置的优点。对于基础较差的学生，教师可以设置如下的梯度：

（1）组装一套简易装置，让学生明白组成装置的仪器少，装置简单，但一旦发生反应，只有等到其中一种反应物反应完才能使实验停下来。如果某一种药品反应完，必须拆下整套装置才能添加药品，那如何解决这一问题？

（2）实验过程中经常要添加的药品是液体药品，那么能不能在不拆开装置的前提下添加液体药品呢？学生可以从日常生活的油漏想到添加一个漏斗。这时新的问题又出现了——生成的气体会从漏斗中逸出，怎么办呢？结合物理知识可以引导学生将漏斗换成长颈漏斗，并且将其末端浸没到液面以下，防止气体从长颈漏斗中逸出。第二种类型的装置就在思考中出现了。

（3）解决了添加液体的问题后可以引导学生继续观察，固液接触后反应持续进行，造成浪费，有没有办法让反应停止？这时学生可以得出，要让反应停止必须实现"固液分离"，要让"固液分离"可以运用物理原理来实现。

这样在问题情境下，一套可以控制反应发生和停止的装置就出现了，学生也在解决问题的同时将相关的原理弄清楚了，这样远比传统的教师传授更让学生容易掌握。

4. 探究活动的实现手段应不拘一格

学生形成尊重科学事实的态度，有利于培养通过实验收集证据的能力。

（1）对具有探究性的验证性实验加以改进，变验证为探究。例如，在学习"二氧化碳与水反应"的时候，教师如果简单将二氧化碳气体通入紫色石蕊溶液，就是简单的验证实验，石蕊溶液接触到二氧化碳、空气、水等物质，很难让学生理解就是二氧化碳与水反应生成碳酸使石蕊变色。教材中设置了4个实验——将浸过石蕊溶液后干燥的四朵小花分别喷醋酸、喷水、放入干燥的二氧化碳中、喷水后放入二氧化碳中，让学生在逐步获得"酸能使紫色石蕊变红""水不能使紫色石蕊变红""二氧化碳不能使紫色石蕊变红"的结论的基础上，清晰获得了"二氧化碳与水反应生成能使紫色石蕊变红的酸，这种酸是碳酸"的结论。教材通过将验证实验变为探究实验，让困惑学生的问题得到了解决。

（2）通过改进实验方法将验证性实验变为方便学生进行自主探究的实验。教材中的一些实验可以在教师的精心设计下由演示实验变为学生自己动手实验，由简单的验证性实验变为探究实验。例如，在讲燃烧的条件时，教师可以准备木条、石子、干和湿的棉球、蜡烛、玻璃杯让学生自己设计实验探究燃烧的三个条件。①学生通过在酒精灯火焰上点燃木条和石子，得出燃烧需要可燃物的结论；②在酒精灯火焰上点燃干的和湿的棉球，得出燃烧需要温度达到可燃物的着火点的结论；③点燃蜡烛，盖上玻璃杯，得出燃烧需要氧气的结论。这样，学生通过自己"设计实验方案—进行实验—得出结论"所获得的知识肯定比较扎实。

（3）积极改进实验，提高学生探究实验的成功率。在刚接触化学实验的时候，很多学生经常会出现操作不当或畏惧的心理导致动手实验失败。一次的失败可能可以让学生查找原因，但多次的失败就会打击学生的信心和学习兴趣。所以，在学生进行实验操作前，教师应该有前瞻性，应该懂得预测学生在实验过程中可能会遇到的问题并设计解决方案，可以通过改进实验来提高学生探究实验的成功率。例如，在探究蜡烛燃烧产物的时候，如果用一个干冷烧杯罩在火焰上方验证生成物有水时，往往会因为授课时间刚好是天气较热加上蜡烛燃烧时放热，所以不易观察到小水珠。这时，教师可以将实验改进为将燃着的蜡烛伸入一个干冷的集气瓶，这样在集气瓶壁可以看到明显的水雾出现，同时将产生的二氧化碳气体收集在集气瓶中，避免了在蜡烛上方罩上烧杯出现炭黑影响观察实验现象的问题。

（4）除了实验，我们还可以采取其他形式的探究，如运用化学科学发展的史料进行探究学习，通过查阅资料、调查访问等途径进行探究等。例如，在学习水的组成时，教师可以设计"沿着前人的脚步探究水的组成"的教学思路，向学生介绍以下内容：1766年，英国的科学家卡文迪许发现将金属锌加入硫酸，就会产生一种无色非常容易燃烧的气体，他将这种气体叫作"可燃空气"。同一时期，英国科学家普利斯特里也做了相似的实验，发现容器内壁出现小液滴，经过反复实验，确认小液滴就是水。

1781年，卡文迪许用纯净的氧气代替空气，发现可燃空气在纯氧中可以安静地燃烧，发出蓝色火焰，生成物是水。1782年，拉瓦锡将水蒸气通过1000多摄氏度的金属管，重新获得了"可燃空气"。1799年，意大利科学家伏特发明了"伏特电池"。1800年，科学家尼克尔森用伏特电池对水进行了分解，两个电极附近都有气体生成，用排水法收集气体并检验，发现两极产生的气体是氢气和氧气。这些历史材料实际上包含"实验室制取氢气""氢气的可燃性""水的电解"等知识点，也是这个课题要学习的主要内容。抛出历史资料之后，教师根据科学家们的实验再设计相关的探究内容让学生开展活动，通过这样的情境设置可以让学生感受到科学家所开展的探究实验在我们的课堂也可以完成，感受到学习知识的必要性、成功的喜悦。

《化学课程标准》中课程目标的过程与方法提出：认识科学探究的意义和基本过程，进行简单的探究活动，增进对科学探究的体验，将科学探究作为"课程改革的突破口"。实验是科学探究有效的方法，实验教学对学生科学探究的学习能力提升起着举足轻重的作用。作为初中化学教师，在学生形成学科思维的过程中起着启蒙、引导、塑造的作用，必须具备这方面的教学能力和驾驭能力，才能有效开展教学。

参考文献：

中华人民共和国教育部.义务教育化学课程标准（2011年版）［M］.北京：北京师范大学出版社，2012.

初中化学探究实验课的设计与实施

化学是一门以实验为基础的自然学科，化学实验是帮助学生获得化学知识、掌握实验技能，激发学生学习兴趣、培养学生实验能力的一种教学手段，初三化学教学始终占有十分重要的位置。初三化学实验课改前以验证性实验为主，把探究性实验作为初中化学的基本教学要求，第一次提出是在2001年的《九年义务教育全日制初级中学化学教学大纲（试用修订版）》中。大纲指出：教师应适当引入一些探究性实验，逐步加强学生的探究性实验，适时地安排一些学生自主探究的实验，探究性实验和综合实践活动能较好地体现学生的创新思维和实践能力。探究性实验在2001年的《九年义务教育全日制初级中学化学教学大纲（试用修订版）》中已经被正式列为初中化学教学的基本要求。《全日制义务教育化学课程标准（实验稿）》将科学探究作为课程改革的突破口，把探究性实验作为科学探究的重要方式。

2011年版课程标准为每一个学生的发展提供了多元化的平台，注重学习的结果，重视学习过程和知识技能的掌握。2011年版课程标准倡导培养学生的科学探究能力和实事求是的科学精神。实验教学是让学生探究学习获取知识的重要手段，是实现新课改的有效途径。化学是一门以实验为基础的学科，如果实验局限于课本，缺乏与生活、生产、社会的联系，将导致学生解决实际问题的能力低下，创新精神和实践能力受到抑制。在当前教育信息化迅猛发展的形势下，研讨出适合当前学生实际的实验探究教学方法，研究如何去改进实验和创新实验，充分发挥实验教学的重要作用将是新一轮课改的要求。

化学探究性实验是指在教师的引导下，学生根据化学教学的内容或日常生活、生产中遇到的问题，对自然界及研究的现象提出问题，从问题或任务出发，通过形式多样的探究实验活动，利用已知的、外加的因素去作用于研究对象，借助化学探究性实验，独自或与他人合作加以探索，认识研究对象的未知性质、组成、变化特征以及与其他对象或现象的联系等的一种教学方式。其教学过程中一般围绕八个环节展开，即提出问题（创设情境）、猜想与假设、制订计划、进行实验、收集证据、解释与结论、反思与评价、表达与交流。教师可以借助该形式，引导学生主动进行实验设计、现象观察、结果分析，使学生从中发现科学概念或原理，达到获得知识、形成概念、掌握技能、优化思维、培养情感体验、提高综合能力的目的。新课标中强调"化学实验是进行科学探究的主要方式""教师要注意改进传统的实验教学，精心设计各种探究性实验，促使学生主动学习，逐步学会探究"。

一、初中化学探究实验学习四阶段

化学是学生在初三才接触的一门学科，学生对探究实验的接触要经历从无到有的过程。作为化学教师应该设计递进式的教学方式，让学生慢慢感受探究实验的模式，一般可以分四个阶段。

1. 第一阶段：教师示范，学生感知探究性实验

刚接触化学的初三学生对化学仪器和实验基本操作不了解，要让他们进行探究性实验几乎是不可能的。在教学过程中，教师要先为学生设计好探究性实验报告，内容包括发现问题—提出问题—做出假设—设计方案—进行实验—交流讨论—归纳总结—得出结论，然后做演示实验。学生通过实验报告和教师的演示实验，感知实施探究性实验的一般方法。

初三学生接触的第一个探究实验是"对蜡烛及其燃烧的探究"。在课的设计上，教师可以先让学生对课题进行解读，明白探究的对象是蜡烛和蜡烛的燃

烧，然后让学生自己阅读课本实验内容，初步了解学习一种物质要包括对其物理性质和化学性质的学习。作为教师，要认真研读教材，了解教材编写意图。教材中设计了对蜡烛燃烧前、燃烧中、燃烧后三个阶段的探究：燃烧前主要设计对蜡烛物理性质的探究；燃烧中主要设计对蜡烛燃烧产物的探究；燃烧后主要设计对蜡烛熄灭后产生的白烟的探究，其实是再次验证石蜡具有可燃性。除课本设计观察蜡烛的外观、闻气味外，教师还可以安排学生用手摸蜡烛、用指甲掐蜡烛，引导学生在观察化学实验时尽量使用除味觉之外的感官去感受、了解物质的物理性质。对于教材中安排的每一个环节，教师都要引导学生了解实验设计的意图：用小刀切下一小块是为了证明石蜡的硬度小，这实际上是为后面学习金刚石的硬度和金属及合金硬度比较等知识点埋下伏笔；将石蜡放在盛有水的烧杯中，是为了证明石蜡的密度和水溶性，也就是让学生学会全方位了解学习物质物理性质时应该关注的问题，对物理性质的学习包括物质的颜色、状态、气味、密度、硬度、熔点、沸点、溶解性等内容。在对蜡烛燃烧过程进行探究时，课本安排学生通过对蜡烛燃烧时火焰的观察、对火焰温度的探究、对蜡烛燃烧后产物的探究，体验探究实验过程不仅包括观察实验产生的现象，还包括对产物的检验等。作为第一个探究实验，教师有必要放慢教学速度，将教学目的无形地渗透到教学过程中，课前需先设计好实验报告，让学生清楚本节课的学习任务。在观察实验现象时，教师要指导学生注意观察的重点。例如，粗心的学生一般没有观察出蜡烛的火焰分为三层，这时教师可以将实物与图片配合，让学生清晰地观察对象。在对火焰温度的探究过程中很容易出现操作不当而使小木条烧焦甚至着火的现象，这时教师不要急于纠正学生，可以拍下或录下出现异常的画面，让学生讨论并根据教材重新操作，达到成功的结果。在对蜡烛燃烧后产物进行探究时很容易出现烧杯里面形成炭黑的现象，那么教师可以将此拓展为讨论题，鼓励学生上网查阅资料寻找答案，让学生养成思考问题的习惯。

2. 第二阶段：学生尝试，教师给予指导和帮助

学生在感知了探究性实验并有亲自动手去做探究性实验的冲动后，教师尝试着稍稍放手，在先让学生学习化学实验的一些基本要求和技能后，让学生尝试化学探究性实验中的某几个环节，如简单实验方案的设计、探究性实验的基本操作。在此阶段，对于学生设计的实验方案的可操作性、安全性，教师在学生实验前要仔细批改，及时给予指导。对学生在前几次实验的过程中，在基本操作的规范性、实验观察的方法、实验现象的记录等方面出现的问题，教师要及时提供帮助。学生通过亲自动手尝试，对探究性实验的认识和实施有了进一步的认识。例如，在学习催化剂时，教师可以设计让学生探究"用生猪肝做过氧化氢分解催化剂"，实验可以使用双氧水和生猪肝。实验前，学生可以用家里的电子秤称量猪肝的质量，实验后将猪肝夹出，用水冲洗干净，用纸巾吸干表面的水分再称量质量。这样可以避免学生还没有学习过滤操作的问题，而且完全可以将整个探究实验在家里进行，让学生能更自由地发挥，让每个学生都有动手的机会，充分锻炼学生的动手能力。

3. 第三阶段：师生、生生合作，发展探究性实验的能力

在学生对实验方案的设计和实验基本操作及简单的仪器使用有了一定的了解后，教师可以通过适时引导学生从身边的一些现象中去发现问题、提出问题、做出猜想，进而让学生独立地设计解决问题的方案、进行实验、分析实验，找出问题的答案。在探究过程中学生遇到困难时，教师要鼓励他们采取一些可行的措施，如小组合作、师生合作的方式来解决困难。例如，实验室里盛放氢氧化钠溶液的试剂瓶瓶塞处会出现白色固体，教师可以引导学生提出质疑：白色固体是氢氧化钠吗？学生可以做出猜想"白色固体是氢氧化钠""白色固体是碳酸钠""白色固体是氢氧化钠和碳酸钠的混合物"。这时学生可以依据已学内容设计实验方案，选择酸、碱、盐等不同类别的物质来检验是否存在碳酸钠。那么在此过程中，学生最难解决的问题就是如何验证白色固体是氢氧化钠和碳酸钠的混合物。教师可以从用来检验是否存在碳酸钠的方案入手，引导学生发现，在检验的过程中实际上碳酸钠已经参加了反应，那么如果加入过量的试剂就可以将碳酸钠除去，再用酚酞检验氢氧化钠即可。但实际上这里蕴含着另一个问题——是不是所用的酸、碱、盐三类试剂都可以使用。学生经过分析可以得出"酸会与氢氧化钠反应，不能选用""碱会与碳酸钠反应产生氢氧化钠，不能选用"，那么问题的答案就显而易见了。通过这样的方案设计，学生对这部分内容的掌握就更牢固了。

4. 第四阶段：拓展课外探究实验

课程标准指出：应结合学生兴趣特点和认知水平，创设丰富多样的实验活动，如趣味实验、生活实验和课外实验等，增加学生动手实验的机会，培养学生的实践能力。随着学生探究性实验学习能力的逐步提高，教师可以采取边学习课本中的探究性实验，边增加家庭小实验的方法，让学生对生活中一些化学现象进行探究、学习，重点在于研究如何指导学生利用家庭废弃物来开展实验。初中化学实验大多数比较简单，反应条件容易实现，反应物很多可以从日常生活中找到代替品，反应仪器也可以在日常废弃品中找到代替品，这为开展家庭小实验提供了有利的条件。例如，在学习二氧化碳的实验室制法时，教师可以引导学生在日常生活中找到很多含有碳酸钙的物质——鸡蛋壳、贝壳、石灰石、大理石、珍珠等，然后让学生利用白醋代替稀盐酸，再用矿泉水瓶和吸管等废弃物制成发生装置和收集装置，即使开不了分组实验的学校也可以实现让每个学生都动手实验。

二、初中化学探究实验教学探究指导的原则

根据初中化学实验教学的功能和教学目标，以及探究性实验教学的指导思想，优化初中化学探究实验教学探究指导时应遵循以下几个原则。

1. 可探性原则

可探性原则是指实验的结果对尚未开展探究的学生而言是未知的，解决问题的方法与途径往往不太明确，需要学生提出假设，设计实验方案，并通过实验验证和分析、归纳、综合、推理得出结论，在探究过程中有时需要教师对实验做出一系列富有启发性的指导，使学生在探究性实验中能自觉深入地思考。因此，教师要选择或设计合适的不确定性的学习课题，因为不确定或模棱两可的情况最可能引发学生的好奇心，并能激发学生学习的内部动机。需要注意的

是，不具有未知状态的课题、照方抓药式的实验和难度过大、超出学生认知能力、不符合"最近发展区"原则的课题不宜作为典型探究实验用于探究教学。中学化学是化学学习的起始阶段，很多知识的学习、能力的发展不可能一步到位，需要循序渐进地螺旋式上升，对同一知识每一阶段发展到什么程度的把握是一个十分重要的问题。例如，在讲二氧化碳的实验室制法时，教师应该清楚地知道，通过氧气的实验室制法的学习，学生已经基本掌握了气体制取的一般思路，这时可以引导学生先复习氧气的实验室制法，让学生明白学习气体的制取一般都按"药品选择—实验原理—实验装置（含发生装置和收集装置）—气体检验—气体的验满"的思路开展。教师可以通过设置"碳酸钠和盐酸、石灰石和盐酸""石灰石和盐酸、石灰石和硫酸"这两组对比实验，让学生准确选择实验药品，再根据药品的状态和反应条件确定发生装置。发生装置的选择是这个实验的重点，教师在教学中可以进行这样的安排：先推出最简单的装置图（图1），然后提出问题"小明在做二氧化碳的制取实验时，气体未收集满，试管中已经没有气泡产生了，该怎么改进"，引导学生思考要达到"随时添加液体药品"的目的可以改进装置（图2）；再用问题"小红在做完二氧化碳的制取实验后，试管中还不断有气泡产生，该怎么改进"，引导学生通过思考利用气体的压强设置一个可以"随时控制反应的发生和停止"的装置（图3）。这样层层推进，不仅调动了学生的学习积极性，而且培养了学生的发散思维。

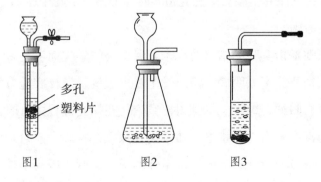

多孔塑料片

图1　　　　图2　　　　图3

2. 主体性原则

主体性原则是指相信学生，尊重学生，还给学生探究的自由，在实验探究过程中确立学生的主体地位，充分发挥学生的主体作用，让学生用自己掌握的知识去尝试解决实际问题，增强其主动参与意识，充分发挥其主观能动性。要体现主体性原则，教师必须有意识地培养学生的问题意识，放手让学生提出假设、设计方案和进行实验等，教师只是学生的协作者和帮助者。学生设计实验只是教材提出的实验课题，而实验原理的运用、实验方法的采用、实验材料的选择准备、实验步骤的安排则由学生自己独立完成。为了使实验课上得更生动精彩，学生自己动手、动脑来设计实验，操作控制整个实验过程。这不仅培养了学生独立思考、独立解决问题的能力，而且为学生提供了更多的创新空间。正如著名的教育家陶行知先生曾经说过的"动手动脑、心灵手巧"。例如，在了解燃烧的条件后，学生可设计实验验证可燃物燃烧受哪些因素影响及燃烧的剧烈程度与什么因素有关；在学习了"铁生锈的条件后"后，可设计防止金属锈蚀的实验方案；利用书本知识结合实际，可设计实验检测附近的河水污染及空气污染情况等。学生自己设计实验和按教材中的实验步骤做的感觉和效果是不一样的，通过这些过程，既能培养独立且科学地思考问题的能力，又能培养观察、实验、思维、自学等能力，从而提高科学素质。

3. 趣味性原则

趣味性原则是指探究性实验的设计要充分考虑初中生的心理特点，选择的探究性课题要贴近学生生活实际、生动有趣，能使学生在进行实验探究时自始至终保持很高的兴趣。探究性实验作为一种学习活动，不能主要靠教师的督促使学生完成，而要通过设计实验本身来激发学生的探究欲望，使学生从好奇出发，进而自觉自愿地参与到探究活动中，并保持这种探究的动力。实践证明，实验的趣味性越强，学生探求未知领域的积极性越高。例如，在学习电解水的实验后，教师可以让学生用一个9V的干电池连接两根导线，插入盛有少量滴加了洗洁精的水的一次性杯子，水在直流电的作用下电解生成的氢气和氧气混合气体吹出了一个个肥皂泡，肥皂泡被燃着的木条点燃，发出尖锐的爆鸣声。根据这个有趣的实验，教师可以抛出很多问题让学生思考："为什么会产生大量的肥皂泡？""点燃肥皂泡后为什么会发出爆鸣声？""综合这个实验我们可以得到什么结论和启发？"学生对水的电解和氢气的可燃性相关知识点轻松在一个趣味实验中得到了掌握，而且效果非常好。

4. 简约性原则

简约性原则是指教学在花费较少的时间、人力和物力的情况下，取得最佳的效果。初三年级教学时间很紧，而探究教学往往耗时较多，加之探究性实验所需要的仪器和药品较多，教师和实验人员的工作量较大。所以，教师在设计实验时，应讲究时间和教学效益，保证探究性实验的教学工作顺利进行：既突出实验重点，又没有冗长的实验步骤，充分体现效益性；实验的设计要尽可能采用简单的实验装置，用较少的实验步骤和实验药品，在较短的时间内完成实验。学生探究性实验可以应用微型仪器、自制仪器、生活用品等。例如，在探究燃烧的条件时，教师可以点燃一根蜡烛，然后给学生提供水、烧杯、剪刀、沙子、湿抹布、扇子等简单用品，让学生自己设计实验将燃着的蜡烛熄灭，在实验过程中不断追问学生灭火的原理。这样不仅能让学生巩固燃烧的三个条件和灭火的方法的知识点，还能解决准备实验时用品不易寻找和浪费时间等实际问题，可以减缓教师的实验教学压力。

5. 发展性原则

发展性原则是指实验探究教学必须以促进学生的发展为目的，不仅包括知识技能的拓展，还要促进学生设计、思维、探索、创新等能力的发展，使学生掌握科学方法，形成科学态度。知识技能的掌握、能力的形成和态度的培养这三项科学教育目标并不是对立的，而是统一的，三者在运用科学方法而展开的科学探究过程中得到统一。教师进行化学实验探究教学千万不能搞花架子，流于表面形式，要在教学过程中，让学生知识技能、能力和情感态度价值观逐步提升。教师首先通过提出问题、演示实验等方式为学生创造创新情境，引导学生感知问题、提出疑问；接着实施必要的启发诱导，通过开放式的教学形式增强学生的创新动机，激发学生的创新思维，挖掘学生的潜能；然后指导学生设计和改进实验，使学生在探索设计的过程中获得知识，技能得到锻炼和提升；最后通过反思与评价，引导学生分析和讨论创新成果，进一步强化学生的创新行为。具体教学模式如图4所示。

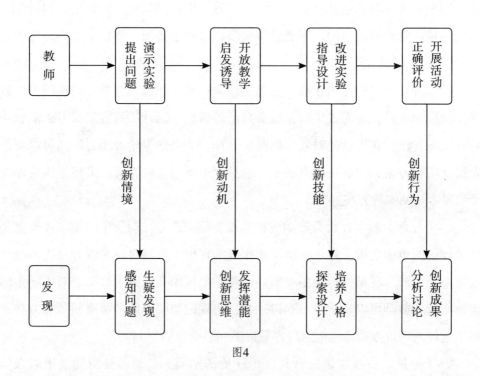

图4

三、优化初中化学实验教学探究指导的策略

1. "五导"探究指导策略

（1）导疑。学起于思，思源于疑。在教学过程中，教师要善于指导学生学会发现问题，并能科学而准确地表达出来。初学化学，很容易出现学生提出的问题不是很中肯甚至出现偏差的现象，这时候教师要有耐心，必须做好引导，让学生的思维慢慢回到实质性的问题上来，切忌随意批评或中止学生的提问。初中阶段的学生处于青春期，比较敏感，很容易被扼杀提问题的习惯，这是教师必须注意的。只有教师放手让学生质疑，提出问题，才能让学生养成带着问题学化学的良好学习习惯。

（2）导思。学生在教师的指导下提出问题后，接下来将进入解决问题的阶段。而要使学生正确地解决问题，教师必须首先指导学生认真科学地分析问题，并在此基础上结合学生已有的认知水平，让学生进行合理的科学猜想。虽然我们主张将学习的主动权交给学生，但是在学生刚学化学的时候，如何分析问题还是需要教师指引的，不能让学生漫无目的地猜想，要在不断的训练中让学生形成学科的思维方法。

（3）导做。猜想是否正确，要靠实践来检验，所以，在导思的基础上，教师要指导学生设计并完成实验，验证自己的猜想。设计实验方案要考虑实验用品和实验方法，在设计的时候可以师生合作，如果学生学习能力较强可以自己先设计实验方案，然后在课堂展示，通过评价不同实验方案，最终集体合作设计出最合理的实验方案。

（4）导评。教学评价是教学过程的重要组成部分，而学生的学习评价更是教学评价的重中之重。对于一个实验探究的评价，教师可以采取分层次、分角度等不同方式，尽量挖掘学生在实验过程中出现的亮点给予肯定。对于学生出现的问题，教师可以让学生一起讨论找出出现问题的原因和解决问题的方法，相信这样的评价方式是初中生最容易接受和最受益的。

（5）导进。在学生进行自我反思评价的基础上，教师要指导学生以最佳的表达方式展示自己的探究成果，以便于在交流过程中，使学生相互取长补短，激发学生产生新的灵感，拓展学生的"最近发展区"，使学生的探究过程得以升华，进一步激发其进取心和求知欲。学生学习的兴趣和动力很多都来源于教师的肯定和同伴的赞许。对学生的自我反思，教师要顺势引导，激发他们再思考、再表现、再动手的欲望，让学生的智慧在反思和评价的环节中发挥得淋漓尽致。

在探究实验教学中，我们将步骤简化为提出问题、分析与猜想、设计与实验、反思与评价、交流与升华等五个环节，在这五个环节中分别采用"导疑、导思、导做、导评、导进"的探究指导策略，充分发挥学生的潜能，让学生完成学习任务，使得复杂的探究过程变得较为清晰，更有利于学生感知和模仿。

下面以无明显实验现象探究实验教学为例进行阐述：

人教版初三化学教材中总共出现了三个有代表性的无明显实验现象的实验，在安排上根据学生的认知规律层层推出。

案例1：检验反应生成物——二氧化碳与水反应

本实验是人教版初三化学上册第六单元课题3《二氧化碳和一氧化碳》中"二氧化碳的性质"之一。教材安排了向收集满二氧化碳的软质塑料瓶里倒入约三分之一体积的水，立即盖紧瓶盖，振荡，观察到塑料瓶变瘪了。承接此实验，教师可以提出问题："观察一下塑料瓶里的液体，有没有颜色变化？在此过程中，是发生了物理变化还是化学变化？"学生在此之前掌握的判断物理变化和化学变化的依据就是"是否生成了新的物质"，只要验证这个反应有新物质生成就能证明是发生了化学变化。而教材对这个实验的设计意图实际上就是通过检验反应的生成物来证明"二氧化碳能与水发生反应"。教学设计上，教师可以在学生议论纷纷之际，向塑料瓶中滴入紫色石蕊溶液，让学生观察到石蕊变红的现象，同时抛出问题"是谁使石蕊溶液变红的？二氧化碳吗？水吗？还是二氧化碳与水反应的生成物？"让学生带着问题学习"二氧化碳的化学性质"。教材设计了4朵用紫色石蕊试液浸过并晾干的纸花分别喷食醋、喷水、放入二氧化碳的集气瓶、喷水后放入二氧化碳的集气瓶，旨在让学生掌握紫色石蕊遇酸溶液变红色，水不能使紫色石蕊溶液变色，二氧化碳不能使紫色石蕊溶液变色，二氧化碳与水反应生成能使紫色石蕊变红的酸性物质这四个知识点，从而让学生掌握"二氧化碳能与水反应生成碳酸"。除了根据教材的设计进行教学外，教师还可以引导学生思考：如果纸花只有2朵，如何设计实验？其实学生可以很快重新调整实验顺序，设计出合理的实验方案。这样可以培养学生思考问题、自己设计实验方案的能力，同时可以培养学生节约的习惯。

案例2：检验反应物减少——氢氧化钠与稀盐酸反应

本实验是人教版初三化学下册第十单元课题2《酸和碱的中和反应》的内容，教材设计的思路是先向氢氧化钠溶液中滴加无色酚酞溶液，然后向其中逐滴滴加稀盐酸。由于氢氧化钠与盐酸反应，氢氧化钠不断减少至消失，溶液的颜色也从红色逐渐变浅最终变为无色。教师引导学生通过用指示剂检验反应物的减少来证实反应确实发生了。实验设计溶液由红色褪为无色，现象明显，容易观察。基于学生学习过的指示剂还有紫色石蕊溶液，教师可以设置问题"能否将酚酞溶液换成紫色石蕊溶液？"然后通过实验让学生观察实验现象不明显的事实，让学生真正了解选择酚酞溶液为指示剂的原因。

案例3：没有实验方案——二氧化碳与氢氧化钠反应

"二氧化碳与氢氧化钠的反应"是人教版九年级化学下册第十单元课题1《常见的酸和碱》中"碱的化学性质"的学习内容。教材中没有给出相应的实验设计，只是让学生通过回忆"氢氧化钙与二氧化碳的反应"进行类比学习。教师可以设计一组对比实验——让学生通过吸管分别向盛有氢氧化钠溶液和澄清石灰水的两支试管中吹气，可以看到澄清石灰水变白色浑浊，而装有氢氧化钠溶液的试管中没有明显变化，抛出"二氧化碳是否能与氢氧化钠反应？""怎么设计实验证明二氧化碳能与氢氧化钠反应？"等问题。因为二氧化碳是气体，教师可以引导学生从气体减少产生压强差的角度去考虑设计实验方案（图5）。

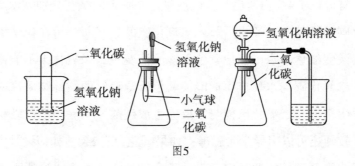

图5

在此，教师可以引导学生思考"氢氧化钠溶液里面有水，那是不是二氧化碳与水反应使得压强变小？"从而让学生得出要证明"二氧化碳与氢氧化钠反应"可以设置对照实验，将氢氧化钠溶液换成等体积的水，对比出现实验现象的不同。实际上在学习氢氧化钠物理性质的时候，教师可以先设计将氢氧化钠固体放在表面皿上面，让学生观察其颜色、状态，分析氢氧化钠固体吸收空气中的水分而潮解，并与空气中的二氧化碳发生反应，这时可以将表面皿中的氢氧化钠转移到试管里并滴入盐酸，可以明显观察到有气泡产生，让学生了解到生成了新的物质。教师也可以设计如下装置（图6）：

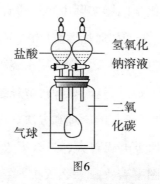

图6

　　在充满二氧化碳的广口瓶中滴入氢氧化钠溶液，观察到气球胀大了，再滴入盐酸，观察到有气泡产生，气球变瘪了，这样不仅从反应物减少的角度证明了反应的发生，也从验证有新物质生成的角度再次证明反应确实发生了。在第十单元学习结束后，教师还可以将此实验继续延伸，通过设计实验检验生成物中的碳酸钠。此时学生已经系统学习了酸碱盐的性质，根据碳酸钠的性质，可以设计利用酸碱盐三类物质对其进行检验，证实"二氧化碳能与氢氧化钠反应"。教师就此知识点还可以拓展延伸出"探究氢氧化钠是否变质""探究氢氧化钠变质的程度"等一系列探究实验。

　　2."五优化"探究指导策略

　　（1）优化探究情境，培养问题意识。问题是探究的心脏，"提出一个问题往往比解决一个问题更重要（爱因斯坦）"。在研究过程中我们发现，生活中的现象、异常实验现象、实验后的反思等都是非常重要的探究情境，优化此类探究情境，可以培养学生的问题意识。实际上教材安排学生接触的第一个探究实验就是从生活中的现象入手的。例如，蜡烛的燃烧实际上就是生活中学生经常接触的现象，人的呼吸是每天无时无刻不在进行的，氧气、水是人类赖以生存的物质，铁的生锈是经常遇到的，燃烧是人类最早使用的化学反应……所以教师在授课时很容易创设情境，让学生发现问题。

（2）优化探究方案，激活思维能力。"发现问题是起点，解决问题是核心。"在指导学生发现问题的基础上，教师要引导学生激活思维能力，自主选择仪器及用品，自行设计实验方案，并将探究方案进行优化组合。解决问题的途径有多种，要探究一个化学问题实际上可以设计很多实验方案。例如，在《燃烧和灭火》的学习中，关于如何让燃烧停止，教师可以点燃一根蜡烛，让学生自己选择合适的用品把蜡烛熄灭。学生用水浇灭、用沙盖灭、用嘴吹灭、用剪刀剪去烛芯、用扇子扇灭……这时教师再解释蜡烛熄灭的原因，那么学生就在活跃的思考过程中掌握了灭火的原理和方法。教师如果继续追加"如果油锅着火，怎么灭火？""如果电线着火，怎么灭火？""如果森林着火，怎么灭火？""如果图书馆图书着火，怎么灭火？"等不同情境的灭火方法的提问，那么就可以使学生明白灭火方法的选择应该根据实际情况的不同而确定，而不是一个方法用到底，也不是所有方法都适用，实际问题的解决还需要考虑一些特殊因素。在这样的反复训练下，学生思考问题的能力就能逐步得以提升。

（3）优化学生组合，提高互动频率。"榜样的力量是无穷的"，在探究方案优化的基础上，我们全面分析各个学生的实验操作能力、现象表述能力、疑点发现能力等，尽量让具有不同特长的学生均衡分配，组成实验探究小组，进行自主探究、小组讨论、共同小结、得出结论。我们通过优化学生组合，可以让不同特长的学生成为组内其他同学的榜样，在探究过程中提高互动频率，投入最少的时间和精力，完成实验探究，使初中化学实验教学效率提高。一般女同学比较细心，男同学动手能力比较强，我们在分组过程中可以考虑男女混搭。在实验前，我们要让学生做好分工——有动手实验的，有记录现象的，有观察现象的，有发现问题的……做到每个学生都有具体的任务，每个学生都明白自己的角色。当然教师要提醒学生，虽说是分工，但整个实验过程的每个环节每个人都要参与，实验小组是一个团队，要互相取长补短，每个人不是独立的个体，只有团队合力，才能使实验成功。实验小组成立后要保持成员稳定，这样每次实验时就无须再分工了，而学生在合作过程中也会渐渐形成默契，实验的效果会越来越好。

（4）优化探究过程，实现兴趣转变。"纸上得来终觉浅，绝知此事要躬行。"在实验教学中，"生成问题是起点，探究过程是核心"，教师要及时指导学生根据探究方案优化探究过程，变"仿中做"为"探中做"，变"知中做"为"探中知"，实现"探中得"，让非智力因素的兴趣实现"感知兴趣→操作兴趣→探究兴趣→创造兴趣"的转变，使初中化学实验教学效果明显。化学科的第一节课一定要激发学生学习兴趣，设计趣味性实验让学生感受化学世界的神奇，让学生产生模仿和动手的欲望，有利于后面的学习。学生有参与实验的欲望后，因不熟悉学科内容，一定要先从模仿开始。因此，教师可以采用"教师先操作，学生跟着做"的模式，让学生先感受化学实验，并熟悉一些基本操作的要点，但是并不是简单的复制。

（5）优化过程评价，建构评价体系。以美国的斯克里文（Scriven）和英国的斯腾豪斯（Stenhouse）等为代表的过程取向评价主张：凡是具有教育价值的结果，不论是否与预定目标相符合，都应当受到评价的支持与肯定。因此，初中化学实验教学要优化过程评价，建构合理的评价体系，对化学实验的评价不能考虑实验现象是否明显、实验结果是否正确等简单的因素。一个优秀的评价标准应该包括评价学生的参与度、学生的动手能力、方案设计、实验现象、实验结论、反思等，多角度、多维度地考虑学生在探究过程中的收获，重过程而不是一味地重结果。

利用探究实验促进学生知识系统化

——以初中化学活动探究课《生活中的二氧化碳》为例

一、案例展示

观察雪碧的标签，标注关键点，通过这样的训练，培养学生在标签中寻找信息的能力。

1. 活动探究一

打开雪碧的瓶盖，观察现象。很多学生因为非常兴奋，缺少了以往喝碳酸饮料打开瓶盖的时候小心翼翼的习惯，所以很多实验小组都看到雪碧冒出大量气泡的现象，甚至出现了汽水溢出来的现象，收到了预期效果，这时教师让学生阅读课本118页内容——"在通常状况下，1体积的水能溶解1体积的二氧化碳，增大压强会溶解得更多"，并让学生思考得出"压强变大，气体的溶解能力变大"的结论。同时，教师及时抛出与日常生活中现象相关的问题："喝了汽水后为什么会打嗝？"学生会在教师的引导下得出"气体的溶解能力会随温度的升高而减小"的结论。这样用原来学生在日常生活中亲身体会的现象加以引导，使得第九单元中的"影响气体溶解度因素"的知识点在学生的脑海里面留下比较深刻的印象，效果远比在讲授新课时让学生回忆一些现象来解释原理要好得多。

2. 活动探究二

设计方案证明雪碧中的气体中含有二氧化碳。对于二氧化碳气体的检验，学生都能掌握用澄清石灰水的方法，但完成这个实验需要学生懂得不能将雪碧滴入澄清石灰水，而是必须完成取样再将气体导入澄清石灰水，这就需要学生选择适合的仪器，连接成合理的装置再进行实验，一个训练学生选择仪器的情境由此产生了。

对实验操作、现象、结论的准确叙述往往都是学生在答题中的弱项，教师可以就势引导学生总结物质检验的四部曲：取样→实验操作→实验现象→实验结论。这样有利于学生以后规范答题。接着教师再设置"设计方案证明你呼出的气体中含有二氧化碳"的环节，让学生再次巩固检验二氧化碳的方法，并且总结出该反应在日常生活中的几个应用——"用石灰浆涂抹墙壁，可以使墙壁变白变硬""将新鲜鸡蛋用石灰水浸泡后取出，可以起到保鲜的作用""长期盛放石灰水的试剂瓶壁会出现一层白膜"，自然而然让学生再次感受到化学就在生活中，化学对生活的影响。

3. 活动探究三

学生继续不断向探究二的试管中吹气，直到有现象变化时停止吹气。学生惊奇地发现，原来浑浊的液体又变澄清了。趁着学生还在思考的时机，教师要求学生再加热试管中的液体，学生发现澄清的液体又变浑浊了。教师提问"你知道其中的原理吗？"激发了学生的好奇心。教师抛出资料——石笋和石钟乳的形成，让学生阅读提取信息，解释大自然的鬼斧神工，一个新的知识点又自然而然成功地展示给了学生，取得很好的效果。

4. 活动探究四

此环节分成两大组进行实验：第一组学生将雪碧中的气体通入紫色石蕊溶液，观察现象；第二组学生取少量雪碧于试管中，滴入紫色石蕊溶液，观察现象。两组学生都观察到紫色石蕊溶液变红的现象，这时教师要求学生思考："如果将试管中的液体加热，你能预测会出现什么现象吗？"很多学生答案脱口而出"红色液体变成紫色"。他们认为，根据所学知识，这个答案绝对正确。那么这时候教师应趁机强调"实验是最好的检验方法"，要求学生进行实验。

不同的现象出现了：第一组学生成功地看到了他们预期的结果，第二组学生却一直只能看到红色的液体。教师提出："重新阅读标签，找出第二组同学实验出现的现象的原因。"学生在第二次看便签的时候就看到了雪碧里面还含有柠檬酸的信息，而且进一步得到"柠檬酸比碳酸稳定，受热不易分解"的结论，产生了一举两得的作用。教师也可在此提醒学生，以后在阅读信息的时候要养成全面完整，思考问题的时候要前后联系的习惯。

最后教师以展示神奇的干冰结束整节课的内容。

二、案例分析

在这节活动课里，教师通过精心设计，成功地将初中化学中有关二氧化碳的知识——影响二氧化碳溶解性的因素、验证二氧化碳能与水反应、验证二氧化碳能与澄清石灰水反应等一系列与二氧化碳性质相关的知识有机地联系起来，让学生轻松掌握了二氧化碳在日常生活中的应用、溶洞的形成等内容。更重要的是整节课通过贴近生活的内容选取、情境创设和实验探究拉近了化学和学生的距离，让学生养成在生活中关注常见的化学现象、多进行思考的习惯，成功地将一系列知识通过探究实验有机地结合起来，便于学生对知识的系统掌握，培养了学生前后知识联系运用的能力。

从课堂氛围看，因为取材于学生熟悉和喜欢的饮料——雪碧，学生从一开始就带着浓厚的兴趣和期待走进课堂，设置探究实验又充分满足了学生对化学实验向往的意愿，简单的实验操作不但能达到预期的效果还让学生收获了成功的喜悦。所以整节课学生学习热情高涨，课堂秩序良好。对于教师提出的问题学生回答积极踊跃，同学之间、学生与教师之间的互动增多，学生表示喜欢这样的活动课。

从培养学生能力的角度看，本活动课培养了学生阅读标签获取信息、利用信息处理问题、选择仪器搭建实验装置、观察实验现象、分析实验现象等多方面的能力，对于培养学生的核心素养起到了重要的作用。

三、基于该案例的思考——如何利用探究实验促进知识系统化

初中化学知识比较零碎，帮助学生将零碎的知识进行系统化的处理和记忆是十分必要的，利用学生感兴趣的探究实验使知识系统化是解决这一问题的有效途径之一。通过这次活动探究课教学实践，笔者对利用探究实验促进知识系统化有以下看法：

（1）初中生正处于生长发育的一个特殊时期，好奇心是驱动他们学习重要的动力因素，如果课堂设计能紧密联系学生已有的经验和社会生活实践，一定能够激发学生的好奇心和求知欲。贴近生活实际的课堂设计拉近了化学和学生的距离，有利于培养学生探索和实践的能力，有利于激发学生主动学习的欲望和对化学的学习兴趣，加深学生对化学知识的理解，提高学生对化学知识灵活应用的能力，并使学生能学以致用。

教材中很多内容都与生活息息相关，开始的"人吸入的空气和呼出的气体"和"蜡烛及其燃烧"两个实验，已经使学生很明确地理解化学就在生活中，生活中处处有化学。教材第二单元、第四单元、第六单元的学习都是从学生生活中熟悉的物质——空气、水、碳等入手，再推出相关的知识点。所以教师在教学设计上可以以此为出发点，找出最容易让学生产生兴趣的知识点。日常生活中的铁钉、食盐、食醋、小苏打、鸡蛋壳、生石灰干燥剂等在教材中都有涉及，而且主要成分覆盖初中化学学习到的单质、氧化物、酸、碱、盐等物质类别，教师可以考虑根据物质的性质并结合课本的内容进行教学设计。

（2）教学的一个重要作用是帮助学生学会学习，本节课以实际问题为探究驱动，引导学生在实验、观察、思考、讨论中将知识系统化，改变了以往教师讲、学生被动听和记的局面，较好地发挥了学生的主体作用。表面上看，课堂上教师得以"解放"，实际上备课过程更考验教师的业务能力，其中最关键的就是谙熟教材。这就使得教师不但要科学完整地掌握初中化学教材的内容，还应该明确各部分知识间的相互关系。这样才能够依据教学内容，有针对性地选

择、设计符合学生发展规律的探究实验，对学生学科素养的培养起到明显的促进效果。

（3）课堂设计不仅要达到教书的目标，还需得到育人的收获。在这节课中，学生在动手实验中表现出了认真负责、实事求是的科学态度。通过探究实验发展学生能力的主渠道在课堂，要在有限的时间内使每一个学生都得到发展，教师在设计探究实验程序时就必须认真构思实验教学过程中的每个环节，对探究实验出现的问题、现象、失败的原因要尽可能考虑细致，尽可能设置"为什么"，以激发学生的思维。为达到探究实验促进知识系统化的效果，教师要精心设计好探究实验教学程序，以求达到事半功倍的效果。

参考文献：

中华人民共和国教育部.义务教育化学课程标准（2011年版）［M］.北京：
    北京师范大学出版社，2012.

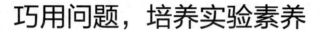

巧用问题，培养实验素养

一、教学片段实录

在学校教学开放周活动中，一位青年教师执教《燃烧和灭火》一课，其中一教学片段如下：

……

教师演示实验。

学生认真观察实验。

教师演示实验后提出问题：

（1）白磷和红磷是不是可燃物？

（2）为什么铜片上的白磷燃烧了，而红磷没有燃烧？

（3）为什么铜片上的白磷燃烧了，而水中的白磷没有燃烧？

……

学生回答第（1）个问题时，几乎是不假思索，异口同声；在回答第（2）和第（3）个问题的时候声音一下子降低了八度，而且含糊不清，犹犹豫豫。

此时，教师不急于纠正，而是演示了三个对比实验：

（1）点燃蘸酒精的棉花和蘸水的棉花。

（2）用火柴点燃纸和煤。

（3）用烧杯罩住一根燃着的蜡烛。

教师要求学生仔细观察实验现象，并据此说出自己发现的问题，比比发现的问题多，比比谁发现的问题最有思考价值。

学生观察到：①蘸酒精的棉花用火一点就燃，而蘸水的棉花用火很难点燃；②用火柴能将纸点燃，而不能将煤点燃；③燃烧的蜡烛用烧杯罩住后很快熄灭。学生一下子兴奋起来了。学生根据平时生活中遇到的现象纷纷提出问题：蘸水的棉花等水蒸发完后能燃烧吗？将煤浇上酒精后能用火柴点燃吗？将燃烧的蜡烛放在装有二氧化锰的烧杯中，再沿烧杯壁倒入过氧化氢溶液，蜡烛会燃烧得更剧烈吗？将燃烧的蜡烛放在装有碳酸钠的烧杯中，再沿烧杯壁倒入稀盐酸，蜡烛会熄灭吗？液化气灶、煤炉为什么留有通风孔？……

教师乘势追击，让学生讨论解决问题……

二、基于课堂实录的思考

化学是以实验为基础的自然科学，实验是学生获取知识、进行知识创新的重要手段，是培养学生的科学兴趣、科学态度，提高学生科学能力的重要途径，但当前化学实验教学效果不大理想，其原因主要有：

（1）教师对实验教学的质量意识淡薄。现在大多数学校使用信息技术辅助教学，导致部分教师特别是年轻教师以多媒体实验代替教师的演示实验或学生实验，个别教师甚至出现不用实验仪器也能上化学课的现象。

（2）有的教师实验能力差。由于学生时期缺乏动手实验的机会，工作后又缺乏自我提升的意识，部分教师的实验能力差，对个别实验甚至不能很好地完成。

（3）课前准备与精心设计不够。部分教师容易出现以实验讲原理的情况，虽然也能讲清课本的内容，但缺乏对学生能力的培养。学生的学习完全受教师操控，学生缺乏自主学习的习惯。

这节课，教师能根据课本的演示实验抛出问题，在学生解决问题出现障碍时补充实验，然后设置学生自己提出问题，解决问题的环节；没有直截了当地把"燃烧需要可燃物，需要氧气，需要一定的温度"的结论灌输给学生，而是引导学生从习以为常的现象背后去寻找问题、发现问题，引导学生意识到寻常现象中的非常之处。学生如果经常处在这样的问题情境中，思维就会空前活跃，上课时他们的注意力就会高度集中在如何提问上，久而久之，问题意识就极易得到激活和强化，主动寻找和发现问题就会成为大多数学生的良好习惯。教师借助学生的问题和回答，也能顺势引导，顺利解决问题，收到了较好的教学效果。

三、对于实验教学的深层次思考

中学化学教育以传授化学知识和技能为载体，以培养、训练学生科学方法、提高学生思维能力，使学生形成科学素质和科学品质为主旨。中学化学实验教学是实现化学教学目标的手段和关键，化学实验教学的功能体现在以下四个方面：

（1）从认识论上看，实验教学的功能在于用化学实验创设学习情境，揭示问题引发学生的学习兴趣。化学实验以生动的现象把物质的性质、变化呈现出来。丰富多彩的实验现象——形、声、色、味、热、光给学生以强烈的感官刺激，让学生获得深刻的印象。有趣的、新奇的、前所未见的新鲜现象往往超越了学生实验前的认识，是引发学生观察思考，促进学生获取、建构新认识的最佳手段，可以引发学生的认知冲突，使学生形成学习与更新认识的需要，激起学生探索的欲望；可以揭示新的化学现象，帮助学生从化学视角认识物质性质与变化。

（2）从方法论的角度看，实验教学可以帮助学生了解、学习化学知识和研究的方法。中学化学实验中最多的是物质性质、变化、检验和制备的实验，教师应引导学生通过自己的观察、动手操作，理解掌握知识，体会其中的科学方法。实验教学离开学生自己动手实验，只会书面答题和书面实验，形成的是非科学甚至是反科学的方法，阻断了连接科学知识和社会的桥梁。实验可以帮助学生学习观察物质性质与变化的方法，学习对观察到的现象进行分析、推理、科学归纳和抽象，从中发现本质和规律，从感性认识向理性认识飞跃。

（3）实验教学具有促进思维能力发展和智力开发的功能。在具体的化学实验教学过程中，教师可以通过精心设计的问题，激发学生的思考，加深学生对问题的理解，提高学生的思维品质。

（4）实验教学有强大的人文教育功能。实验的观察分析、动手操作可以促进学生形成从容、耐心的学习习惯，养成实事求是的学风和严谨的学习态度；可以帮助学生体会科学研究的曲折性，感受在困难中探索并获得成功的喜悦与成就感。

科学实验的实践是创新的摇篮。化学实验对学生的创新精神和创新能力的培养是极其重要的，实验设计与操作，既可以培养学生动手动脑解决问题的能力，又可以培养学生的发散思维和创新意识。

化学实验是一种多功能的载体，教育教学功能的多样性需要我们去挖掘，功能的实现需要我们结合不同的学习阶段逐步落实。重视和加强实验教学能激发学生的学习兴趣，促使学生主动地学习，使他们切实掌握化学科学的基础知识和技能，深入理解物质的组成、结构、性质、变化之间的辩证关系；实验教学对于帮助学生形成化学概念，巩固化学知识，获得化学实验技能，培养实事求是、严肃认真的科学态度和训练科学方法具有不可替代的作用。化学实验有助于学生检验和巩固化学基本概念和化学基础理论，有助于培养和发展学生的操作技能及观察能力、思维能力，使学生养成严谨的科学态度，从而激发学生的兴趣，调动学生的学习积极性。在实验课上做演示实验，教师要设计一系列问题，要由浅入深、由表及里，在教学中循循善诱，适时点拨，逐步让学生具体、全面、深入地认识物质及其变化的本质和内在规律性，使学生的思维从表象到本质、从感性认识上升到理性认识。化学实验从设计、操作到分析实验结果、总结归纳规律，都离不开科学的思维方法。这种围绕演示实验层层设疑，不断深入的教学方式，使学生的思维能力得到了提高。

培根说过方法比知识更重要。新课改的理念体现为以学生为本，注重学生的能力和可持续发展，特别是在学习目标上，强调知识与技能，过程与方法，情感、态度与价值观的"三维"目标。而化学实验是化学教学重要的组成部分，是落实教学目标的有效手段，它具有千变万化的现象，它直观、真切和印象深刻的特点不仅能激发学生的学习兴趣，而且它丰富的知识性对学生理解化学原理、巩固化学知识有着有力的验证作用。化学实验常用的思维方法有分析法、归纳法、对比法以及综合法等，学生应该知道思维方法比实验结果更重要。结果主要以知识的形式出现，知识本身在人的头脑中存留的时间不会太长，日后用不到的知识很快就会被人遗忘。而思维的方法是有效的、长期受益的。比如分析法，就是由浅入深、由表及里，使学生的思维从表象到本质，从感性认识上升到理性认识。例如，粗盐提纯的实验不是简单地除去粗盐中的不溶性杂质，其中还包括化学实验基本技能的学习——溶解、过滤、蒸发结晶、称量等，更为物质分离提纯学习提供了一个典型实例。所以教师在这方面的教学就要考虑多个知识点之间的联系，在设置问题和情境时注意前后结合。

著名数学家华罗庚说："人之可贵在于能创造性地思维。"多年的教学实践证明：化学实验不仅是使学生获取化学知识、认识化学规律、形成化学概念、提高各种能力的重要途径，而且此过程对学生的创新精神和创新能力的培养是其他学科所不能替代的。具体的化学实验教学可以通过精心设计的问题，激发学生思考，加深学生对问题的理解，提高学生的思维品质。例如，教师在进行氧气的助燃性实验后，可以通过设问［纯氧可以助燃，空气中的氧气有没有助燃性？如果空气中的氧气也能助燃，带火星的木条为什么在空气中不能燃烧？纯净的氧气和空气（混合物）中的氧气的化学性质相同吗？］让学生思考认识到物质具有的性质不会因为它是以纯净物还是混合物存在而改变，只是在混合物中浓度比纯净物中的低，导致它性质的表现不明显。

总之，化学学科的教学是离不开化学实验的，实验能充分发挥学生的主动性、创造性，学生自己探究、自己发现的乐趣是任何外来的奖励都无法比拟的。化学实验是传递知识、培养能力、形成价值观的重要载体之一，它以丰富的内涵在化学教学中发挥着独特的作用。因此，化学实验在教育教学中的地位非常重要，重视化学实验，充分发挥化学实验的作用，正确认识化学实验的多种教育教学功能，对于深化化学实验教学理论，培养学生科学的实验素养，使学生树立科学的人生观，全面提高教学质量，具有重要的理论与实践意义。

有效开展实验教学，培养学生实验素养

戴安邦先生曾经说过："化学实验教学是实施全面化学教育的一种最有效的形式。"化学是一门以实验为基础的自然学科，化学实验是帮助学生获得化学知识、掌握实验技能，激发学生学习兴趣、培养学生实验能力的一种教学手段，它在初三化学教学中始终占有十分重要的位置。

初中化学实验可以从多个角度来分类：从操作对象看主要分为教师演示实验和学生动手实验，从功能上分为概念形成实验、验证理论实验、激疑实验、引入实验、探究实验等，从时间上分为课堂实验、课外实验。各种不同形式的实验对发展学生的能力各有侧重，初中化学实验教学高密度地围绕化学知识点展开，信息量大，效率高。实验教学能使学生在教师的指导下学会观察实验、学会动手实验、学会用实验来验证结论。在初中化学教学中，实验所占的比例较大，教师的实验教学对刚接触化学的初中生的知识技能和动手能力、观察能力、思考问题的方式的形成有着重要意义。在多年的初中化学教学探究过程中，我一直在揣摩如何有效地开展实验教学以促进学生化学学科素养的形成，积累了以下几点做法。

一、把学生当作教育的主体，而不仅仅是知识的接受者

教学中，学生是主体，教师起主导作用的道理每一个教育工作者都懂，但

实际操作中却有一定的难度。化学作为一门新开设的学科，实验对于学生来说有着特殊的吸引力，多数学生在刚入门时被化学实验的神奇现象深深吸引，他们向往自己也能动手做实验产生同样的现象，但很多学生动手能力比较差，可能连简单的划火柴也成为问题。我曾在所任教的班级里做过一个调查，有90%的学生从没划过火柴，很多学生担心划火柴时会烧伤自己，有学生提出"能不能用打火机？"划火柴是化学实验课中经常要用到的简单操作，这种现象对于化学实验操作确实是一大挡路石。这时教师要在思想上把自己与学生放在平等的位置上，具体了解学生的实际情况，体谅他们的难处，而不能一味地批评埋怨学生能力低。为解决这一问题，我在课堂上设置模仿、探究、体验等一系列活动，让学生模仿我划火柴的手势，探究划火柴的力度，体验每根火柴都能划着的过程，从而掌握划火柴的方法。我通过这样在课堂实验教学过程中确立学生的主体地位，充分发挥学生的主体作用，让学生用自己掌握的知识去尝试解决实际问题，增强学生主动参与的意识，充分发挥其主观能动性。教师不再以榜样自居，其作用是帮助、引导每一个学生发展，与学生一起学习，只是学生的协作者和帮助者。

二、谙熟教材，驾驭教材

初中化学是化学学习的起始阶段，很多知识的学习、能力的发展不可能一步到位，需要循序渐进地螺旋式上升，对同一知识每一阶段发展到什么程度的把握是一个十分重要的问题。这就要求教师不但要科学完整地掌握初中化学教材的内容，熟悉教材的知识结构和编排体系，还应该明确各部分知识间的相互关系以及学生对各部分知识的难易反映。特别是实验教学，教师应该心中有一把"尺子"，不仅能够明确教材中安排的实验的目的以及涉及的相关知识点，而且应该懂得学生已具备的相关知识内容以及后续学习的相关内容，这样才能够依据教学内容，有针对性地选择、设计符合学生发展规律的教学方法。例如，在讲"氢氧化钠与二氧化碳反应"的时候，鉴于该实验没有明显实验现象的事实，不少教师都会设置"气球膨胀"的实验，简单地以这个现象教授该知识点，忽略了教学中应注意承上启下。为了讲好这个知识点，我做了这样的设置：演示"气球膨胀"实验—提出问题"氢氧化钠溶液中有水，二氧化碳能溶于水并与水反应，怎样证明二氧化碳确实能与氢氧化钠发生反应？"—学生讨论设计—师生共同得出结论。问题的提出不仅唤醒了学生对前面"二氧化碳性质"的知识的记忆，也把解决问题的主动性交给了学生。学生在讨论过程中设计了以下方案：

（1）做对照实验：将氢氧化钠溶液换成等体积的水。该设计知识储备源于"对人体吸入的气体和呼出的气体的探究""检验硬水和软水"等对照实验，通过气球膨胀程度不同，判断氢氧化钠能否与二氧化碳发生反应。我还借此契机追问学生该反应的原理，并要求他们依据此原理再设计类似的实验。学生通过讨论得出气球膨胀的原因是氢氧化钠与二氧化碳反应，使密闭容器内压强变小，空气沿导管进入气球，使气球胀大。学生据此原理设计出以下各种装置（图1）：

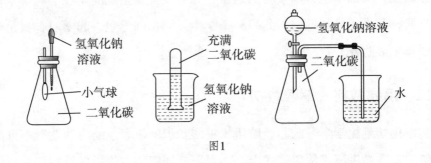

图1

（2）检验反应的生成物——加稀盐酸。该设计知识储备源于质量守恒定律，借助该知识点推测出产物为碳酸钠，然后根据教材实验5-1，向反应后的溶液里加入稀盐酸来验证反应的生成物是碳酸钠。

因为这两个实验操作比较简单，可以设置成学生动手实验。这样的设计不仅能讲清楚"氢氧化钠与二氧化碳"反应这个知识点，还能培养学生质疑、探究、思考问题、解决问题的能力。如果教师谙熟教材，通过精心设计驾驭教材，有效设计课堂实验，对学生学科素养的培养就能起到事半功倍的效果。

谙熟教材的另一层含义是尽可能地熟悉与中学化学相关的学科的内容，尤其是物理、数学、生物等相关学科的知识体系及进度。这样教师在解释问题的时候才能正确把握深浅度，使知识更容易被学生接受。例如，在检验气体发生装置的气密性时，教师只有非常清楚学生在物理课中对气体压强、连通器的原理等知识的掌握程度，才能更好地引导学生理解检查装置气密性的原理所在，而不是让学生一味地背相关内容。只有原理弄清楚了，学生对装置的变化、改进等内容的掌握才会轻松。

三、常规教学模式要到位，精心设计好实验教学程序

每一位化学教师在实验教学中都有这样的体会：许多学生表现出对实验的兴趣往往是出于觉得化学好玩、有趣。很多学生对有实验的课表现出的积极性和兴趣远远高于理论课，但在考试的时候实验题却失分非常严重，究其原因在于学生对实验只是感兴趣而没有真正理解实验的目的。因此，让学生知道实验目的和要求是实验教学中的重点。只有这样，学生才能产生积极的学习动机，学生的思维才会有方向，操作才会认真。例如，在"测定空气里氧气含量"的实验教学中，基于前面已经介绍了拉瓦锡研究空气成分的实验，我设置以下教学环节：

（1）学生认真阅读课本的操作步骤。在此环节中，学生预测实验现象，思考"实验成功的关键是什么？"并用于提示教师演示实验的操作，充当教师的小助手。

（2）根据课本内容"指导"教师完成演示实验，观察实验现象。这样的设计既能使学生满腔热情地参与到课题实验中来，还能激发学生深入理解实验设计目的的积极性，对实验成功的关键操作印象深刻，避免只记得"产生浓浓的白烟，进入集气瓶的水约占集气瓶体积的五分之一"的情况发生。

（3）问题攻关环节。实验结束后，我设置了以下问题："从这个实验你得出什么结论？""为什么选择红磷？换成木炭或硫粉可以吗？""为什么要冷却到室温再打开止水夹？""进入集气瓶的水少于集气瓶体积的五分之一的原因是什么？"……

这样的设计能加深学生对实验步骤的掌握，使学生初步、逐步学会这些实验操作。通过实验发展学生能力的主渠道在课堂，要在有限的时间内使每一个学生都得到发展，教师在设计实验程序时就必须认真构思实验教学过程中的每个环节，对实验中可能出现的问题、现象、失败的原因要尽可能考虑细致，尽可能设置"为什么"，以激发学生的思维。

另外，教师在实验时也要注意保持正确的心态。教师对实验的态度直接影响学生对实验的看法。学生做实验都是先观察教师的演示实验，再模仿教师的操作，教师对实验操作的规范和准确程度将影响学生的实验操作行为。例如，用胶头滴管滴加液体这个简单的操作，教师每次都要以垂直悬空的规范操作展示给学生，不能太随意而忽略这个看似简单的操作。教师实验操作的基本过程如何会直接影响实验教学的效果，因此在每个实验教学前，教师都应按教材中的实验要求，认真做几遍，使自己的实验操作规范、熟练。在演练中教师还要研究和摸索学生可能会出现的问题和实验成败的关键，做到心中有数，以便在实验中能及时提醒学生，确保每个学生都能成功。例如，"倾倒二氧化碳"的实验，很多学生因为倾倒的方法不对导致上层的蜡烛先熄灭或者两根蜡烛同时熄灭，不乏教师在课堂演示的时候也会出现这种现象。这就需要教师通过多次实验摸索倾倒二氧化碳的方法，细微到倾倒的位置、玻璃片盖住瓶口的哪个部分、倾倒的方向等，并给学生做规范的示范，确保学生成功完成该实验。只有教师自己熟悉实验的每一个环节，并尽量掌握各种可能出现的意外现象，尽量做到实验的现象在自己的控制之中，才能顺利完成实验教学的目标。

四、冲破传统的教学观念，打破陈旧的实验教学模式

作为自然学科的化学，其研究的范畴是化学反应的现象和规律。物质千姿百态的化学性质和反应规律给了化学教师指导学生寻找问题、发现问题最好的素材。初中生正处于一个求知欲强，接受新鲜事物快的时期。教师在教学中如果能采取有针对性的教学模式，必然能够有效激发学生学习化学的兴趣，提高学生的能力。所以在实验教学中教师不妨打破循规蹈矩按照教材安排实验的步

骤和内容，大胆开拓实验教学新模式，对提高实验教学效果必然有重要的影响。

1. 在观察现象中，教会学生寻找问题、发现问题

在讲燃烧的条件时，我增加演示了三个对比实验：

（1）乒乓球碎片在酒精灯上能被点燃，玻璃棒在酒精灯上不能被点燃。

（2）用酒精灯同时加热铜片上的乒乓球碎片和纸片，乒乓球碎片先被点燃而纸片后被点燃。

（3）点燃两支蜡烛，其中一支罩上一个烧杯，用烧杯罩住后的蜡烛很快熄灭。

通过对比实验，学生的问题意识一下子就被调动起来了！不少学生提出了值得深思的问题：乒乓球碎片为什么能燃烧？将燃烧的蜡烛放在装有碳酸钠的烧杯中，再沿烧杯壁倒入稀盐酸，蜡烛会熄灭吗？其原理跟盖上烧杯是否一样？将一高一低两支蜡烛同时罩在一个大烧杯中，哪个先熄灭？……学生处在这样的问题情境中，思维空前活跃，他们的注意力高度集中在如何提问上，久而久之，问题意识就极易得到激活和强化，主动寻找和发现问题就会成为大多数学生的良好习惯。

2. 在研究问题中，引导学生设计实验，培养创新能力

学生设计实验是根据教材提出的实验课题，由学生自己独立运用符合实验原理的、合理的实验方法，选择相关的实验材料，设置实验步骤来完成实验的一种模式。我认为学生自己动手、动脑来设计实验，整个实验过程由学生来操作控制，不仅能培养学生独立思考、解决问题的能力，而且为学生提供了更多的创新空间。正如著名的教育家陶行知先生曾经说过的"动手动脑、心灵手巧"。例如，在学习二氧化碳的制取后，我引导学生制作了"无壳鸡蛋"，并观察鸡蛋在食醋中反复浮沉的现象；在学习了氢氧化钠后，我引导学生制作叶脉书签；在学习了酸碱性后，我引导学生测定了家中常见液态物质的酸碱性。为了解决实验仪器问题，我还尝试让学生在生活废弃品中寻找实验仪器代替品，如药片的塑料板代替点滴板，饮料瓶代替集气瓶，筷子代替玻璃棒，等等。学生自己设计实验和按教材中的实验步骤做的感觉和效果是不一样的。这个过程既能培养学生独立且科学地思考问题的能力，又能培养学生观察、实验、思维、动手、自学等能力，从而提高学生的科学素质。

3. 在动手实践中，教会学生探索问题、解决问题

当学生已经有了对问题思考和分析的习惯后，教师指导学生在实践中探索问题、解决问题，在解决问题中触发新的问题……才能让学生的问题意识进一步得到发展。根据我们所处城市的饮用水都来自韩江的实际情况，每一年我都会根据教学进度组织学生围绕韩江水进行探究。例如，在学习《自然界的水》时我会让学生自己到韩江取水样，检测韩江水是硬水还是软水，并对韩江水的污染进行实践调查，然后自制净水器净化韩江水；在学习《酸和碱》时，我又会让学生从不同的地段取韩江水进行酸碱性的检测并查找原因。这样的教学不仅让学生深深感受到生活中处处有化学，还让学生体会到把化学知识运用到生活中的乐趣，充分调动了学生的学习积极性和学习兴趣。

化学是以实验为基础的自然科学，实验是学生获取知识、进行知识创新的重要手段，是培养学生的科学兴趣、科学态度，提高学生科学能力的重要途径。只要每一位教师都能做到有效开展实验教学，实验的魅力就会在化学教学中显示出独特的风采。

参考文献：

［1］中华人民共和国教育部.义务教育化学课程标准（2011年版）［M］.
    北京：北京师范大学出版社，2012.

［2］陈厚德.基础教育新概念：有效教学［M］.北京：教育科学出版社，
    2000.

以培养科学探究能力为目的的初中化学项目式教学实践研究

——以生活中干燥剂的探究为例

项目式教学（Project-Based Learning，PBL）特别强调学生是活动的主体，在教师的支持下，让学生以小组的形式在熟悉的情境中开展探究活动，并主动构建知识体系，从而提高学生多方面的能力，促进学生全面发展。初三化学教材编排主要以物质种类为基础进行章节划分，知识点交错存在，因此教师在教学时须帮助学生搭建知识框架，而项目式教学刚好能满足这一教学要求。同时，初中阶段是学生的学习能力和学习习惯形成的重要时期，教师设计合适的项目式教学内容，有利于学生科学思维方法和科学精神的发展。2011年版初中化学课程标准在"课程内容"的学习主题中设置了"活动与探究建议"，旨在转变学生的学习方式，突出学生的实践活动，使学生积极主动地获取化学知识，培养创新精神和实践能力。实验是学生学习化学、进行科学探究的重要途径，观察、调查、资料收集、阅读、讨论和辩论等都是积极的学习方式。这些活动本身也是化学课程目标和课程内容的有机组成部分。基于课程标准，笔者以"生活中干燥剂的探究"为主要内容设计项目式教学实践，反思项目式教学的意义。

一、项目式教学实施

随着课程改革的不断深入和推进，项目式学习也成为一种新型且运用范围最广的教学方式。在项目式教学中，设计学习任务是促进知识意义建构的重要途径，基于项目的学习任务是高级思维的"磨刀石"。项目式教学将教学内容纳入任务，并以任务作为学习导向，使学生通过任务的完成掌握知识，提高技能。

1. 项目内容选取

初中化学中碱是重要的一类化学物质，其中可溶性碱常见的有$NaOH$、KOH、$Ca(OH)_2$（澄清石灰水）、$Ba(OH)_2$等，认识碱的共性和个性是初中化学教学的重点，也是化学学科的基础之一。再者，虽然教材把$Ca(OH)_2$的知识主要放在《酸和碱》这一单元中介绍，但其相关知识贯穿整个初三化学，如CO_2的检验、蜡烛产物的检验等。教师利用项目式教学将涉及的知识点衔接起来，再以物质分类观、物质的共性来设计任务内容，有利于学生知识体系的建构。

教学内容的选择应有助于学生化学学科素养的发展。教学内容选择干燥剂作为主要研究物质，材料易得，让学生从生活中熟悉的物质入手，有利于学生发现化学的魅力，正确认识化学。初三化学是学生学习化学的启蒙阶段，CaO、$Ca(OH)_2$与生活关联度大，教师利用熟悉的情境设疑，利用生活用品进行实验验证，有利于培养学生发现问题、分析问题、解决问题的能力，也有利于学生大胆创新、细心观察、小心求证等科学素养的形成。

2. 项目思路设计

笔者以"金属氧化物—氢氧化物—金属盐"为物质类别变化发展的线索，以常见的干燥剂CaO为主要研究对象和起点，设计项目式教学内容（图1）。项目分成三大任务，由易到难，层层递进，完成以$Ca(OH)_2$为中心的整个氢氧化物知识框架的搭建，通过任务驱动实现以学生为中心的教学理念，以立德树人为根本，以化学核心素养的培养为主线，凸显项目式教学的意义。

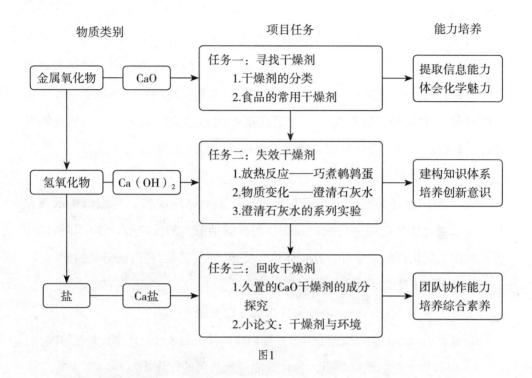

图1

3. 项目实施步骤

任务一：寻找干燥剂

学生寻找生活中常见的干燥剂，以不同类型物质的干燥剂的主要成分为区分点进行分类，重点关注食品中的干燥剂。

学生以小组为单位进行罗列统计。教师指导学生通过查阅资料，了解为什么不同食品要选用不同的干燥剂。

【设计意图】培养学生观察生活、留意身边事物的习惯，使学生感受到化学就在我们身边，生活中处处有化学。指导学生学会从相关资料中提取有效信息，获得问题的答案。

任务二：失效的干燥剂

教师指定本次任务的研究对象为"四洲紫菜"等品牌紫菜里面的干燥剂，其主要成分为氧化钙。学生先观察里面成分的颜色、状态，再根据教师设计的情境与要求，结合学到的知识，以小组为单位设计方案验证实验，并交流总结结论。

（1）干燥剂吸收了空气中的水分，失效了。

学生设计实验"巧煮鹌鹑蛋"证明CaO与水反应是放热反应。"巧煮鹌鹑蛋"实验：将干燥剂放入一个玻璃杯中，将两个鹌鹑蛋埋在干燥剂里，注入水至刚好浸没干燥剂，观察变化（注意观察形状和能量的变化）。学生查阅资料，了解自热火锅、自热米饭、暖宝宝热帖等的发热原理。

（2）如何获得澄清石灰水？——过滤操作。

（3）利用上述获得的澄清石灰水进行一系列基础实验：与酸碱指示剂显色、与二氧化碳的反应、与酸的反应、与碳酸钠溶液的反应等，学生尽所能所想，构建氢氧化钙的化学性质知识体系，完成"碱"到"盐"的分类过渡。

能否运用上述知识回答下列问题：

①用石灰浆涂抹墙壁，墙壁为什么会变白变硬？

②盛放石灰水的试剂瓶壁经常有一层白膜，其主要成分是什么，如何清洗？

③用石灰水浸泡新鲜鸡蛋，为什么能延长鸡蛋的保质期？

④钟乳石溶洞的形成过程是怎样的？

⑤酸性土壤改良的原理是什么？

⑥设计实验验证吸入空气和呼出气体的差异。

⑦设计实验验证蜡烛燃烧的产物是什么。

【设计意图】巧妙地将初中阶段要求掌握的实验操作——过滤与碱的共性融合在一个任务中呈现。而且，实现了从能量变化到物质变化，从碱到盐，从理论知识到实际运用，从传统到创新的过渡，让化学生动起来。其中，"巧煮鹌鹑蛋"既让学生体验了实验的快乐，分享了实验的收获，又将能量变化用视觉之外的方式呈现出来，让学生感受化学之趣。

任务三：回收干燥剂

思考：久置在空气中的干燥剂成分会发生怎样的变化？学生查阅资料了解将生石灰随意丢弃给环境所带来的危害。根据学习到的相关知识，小组设计将干燥剂回收利用的方案；完成关于干燥剂的变化的小论文或者思维导图，并在班级展示，相互评价交流。

【设计意图】从内容上看，这是盐类物质的复习，也是对复分解反应、离子共存等的复习，是对知识的一种提升考查。从能力上看，要求学生不仅充分掌握相关的化学知识，还有理科思维能力和文科表达能力，有一定的美学视觉，提倡图文并用。采取小组合作模式，培养了学生的团队合作精神，锻炼了学生的语言沟通能力。

二、项目效果反馈

任务一：

通过查阅资料，大多数学生能在众多干燥剂中找到熟悉的身影——初中化学中常见的两种物质——生石灰和铁粉。在教师的引导下，学生将干燥剂的范围锁定在食品干燥剂上。缩小范围不仅有利于学生的认知，还能朝着教师设置的目标方向发展，从而成功进入任务二的学习。

任务二：

"巧煮鹌鹑蛋"实验结束后，学生能观察到生石灰加水后由块状到粉末状的明显变化，随后取出鹌鹑蛋，敲开蛋壳，观察鹌鹑蛋是否已经煮熟。该实验打破了学生以往对实验现象的观察——是否有颜色变化、是否产生气泡、是否产生沉淀、是否发光或剧烈燃烧等比较直观的视觉感受，弥补了对物质形状的变化和能量变化观察的缺失。制取澄清石灰水时，学生利用家里的筷子、纱布、油漏、玻璃杯等用品完成实验，每个学生都能够通过自己的操作，真正掌握过滤操作过程中的要点——"一贴、二低、三靠"。一个重要知识点的落实在教师的精心设计下不攻而破，这样的学习效果远远超出学生死记硬背的学习效果。而面对教师设计的问题，如墙体变白变硬、钟乳石溶洞的形成等，学生也能顺利用所学知识解答，对"对吸入空气和呼出气体的差异""蜡烛燃烧的产物"的实验设计，学生也纷纷提出了小组的构思与实验装置图。

任务三：

学生各自发挥所长，学会学科整合，小组团结合作，齐心协力完成论文或

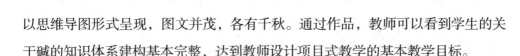

以思维导图形式呈现，图文并茂，各有千秋。通过作品，教师可以看到学生的关于碱的知识体系建构基本完整，达到教师设计项目式教学的基本教学目标。

三、项目教学反思

1. 熟知教材内容，选准项目式教学的素材

教师设定的项目需要贴近学生的生活实际，寻找的话题要是学生无法回避而又十分熟悉的真实的情境素材，只有这样才有助于激发学生兴趣。此外，教师对课程教学内容的处理仍然不可忽视。项目式教学模式既不能偏离真实情境空谈理论，也不能偏离课程教学内容单纯就事论事。教师在选取项目式教学的素材时，在熟悉教材的基础上，要有全局观：选准素材，素材最好能够覆盖多个知识点，并有效地将相关知识点贯穿起来。$Ca(OH)_2$作为典型的碱，微溶于水，与水的反应是放热反应，与CO_2反应现象明显，生活中能找到原材料——干燥剂，所以选取它作为项目教学的学习载体，既充分代表典型的"金属氧化物—氢氧化物—金属盐"物质变化过程，又包含了过滤、实验创新设计等技能训练。这能帮助学生触类旁通，从物质的通性表征到某种物质，进而迁移到同类物质，收获学习方法与思维方式。甚至教师也可将项目式教学的效果外延，如换成NaOH，由于NaOH与CO_2能反应，但无明显的实验现象，针对如何验证反应发生可进行实验再创新，这是对知识的升华，可以使学生感受到物质类别的共性与个性，初步形成正确的唯物主义辩证观。

2. 全面了解学生，设计项目式教学的内容

活动是思维的开启，通过"做中学"，学生把外在知识内化，这种学习是一种共情的、关怀的、智慧共享的、相互砥砺的学习，这种学习是经由积极的"心流"加温的，能不断生长素养。学生的知识水平和学习能力决定项目式教学内容设计的层次和难度，项目式教学立足于面向全体学生，故教师在项目设计过程中需根据实际设置层层推进的梯度，切忌操之过急。"生活中干燥剂的探究"的项目式教学设计建立在学生已学的知识水平上，主要借助干燥剂这一话题帮助学生将碱的碎片化知识形成知识网络，从学生熟知的情境、物品入

手，使学生感受到生活中的化学，又能学以致用。

3. 做好跟踪，确保达成项目式教学设计目的

教师在项目式教学实施过程中起着组织、引导、监督、评价的作用，要做好教学跟踪，才能促进目标达成。项目式学习是一种动态的学习方法，设计不仅可以立足课堂，也可以延伸到课外。笔者在项目实践过程中发现，正确的实验设计、准确的语言表达、规范的操作正是大部分学生所欠缺的能力，因此笔者有意识地在教学中加强这方面的训练。笔者充分利用学生的记录、同伴之间交流心得、回播视频等环节进行教学，让学生更直观地重温完成任务过程中需要注意的事项，教学效果远胜教师不断在课堂上强化的效果。而且，教师的教学跟踪有利于教师获得对学生更全面的了解与评价。笔者发现，学生的能力是教师无法想象的，同样一个任务、同样一个问题，不同的学生团队的切入点各不相同，如果教师能够放手让学生自己动手、设计、思考，将对学生后续的学习和发展有深厚的意义，更能够使学科素养的培养落到实处。

参考文献：

［1］杨秀丽.初中化学项目式学习案例开发与实施研究——以制作简易pH试纸为例［D］.兰州：西北师范大学，2020.

［2］中华人民共和国教育部.义务教育化学课程标准（2011年版）［M］.北京：北京师范大学出版社，2012.

［3］刘海涛，王林发，郭雪莹，等.项目教学的方案与实施［M］.福州：福建教育出版社，2016.

［4］王德明.项目式学习的五大核心要素［J］.今日教育，2021（4）：48-52.

［5］林高明.核心素养与课堂教学［M］.福州：福建教育出版社，2018.

下 篇

我的教学方法

《氢氧化钠与二氧化碳反应探究》
课堂实录

一、教材分析

"氢氧化钠与二氧化碳反应"是初三化学下册第十单元《酸和碱》课题1《常见的酸和碱》里面碱的化学性质中的难点。由于没有明显的实验现象，很难引导学生判断氢氧化钠与二氧化碳是否反应。本课时是在学生学习完酸碱盐这部分知识后的一节综合探究实验课，通过利用压强差、验生成物两种途径，让学生掌握对无明显实验现象的实验如何判断是否发生反应的方法，同时对这节课的内容巧妙地进行了复习。

二、学情分析

在学习本节课内容之前，学生已经系统学习了"酸碱盐的化学性质"这部分内容，自初三以来学生也接触了"二氧化碳与水反应""氢氧化钠与二氧化碳反应""氢氧化钠与盐酸反应"等一系列无明显实验现象的实验。对于怎样判断实验是否发生，往往都是教师直接给出方法，缺乏一个系统的总结，这对后面完成科学探究题有一定的局限性。对于如何思考问题、如何解决问题，学生缺乏自己的思路和方法，特别是对酸碱盐性质这部分知识的综合运用，往往陷入困境，需要教师帮忙引导和总结。

三、教学目标

（1）通过实验设计及实验分析，巩固碱的化学性质这部分知识，培养创新能力。

（2）学习科学的探究方法，初步形成学科综合思想和科学的探究能力。

（3）通过亲身参与科学探究活动，激发学习化学的兴趣，培养尊重事实的科学态度。

四、重点和难点

重点：设计实验，用实验证明二氧化碳能与氢氧化钠反应。

难点：科学探究思想与方法的初步形成。

五、实验准备

药品：大理石、稀盐酸、氢氧化钙溶液、氢氧化钠溶液、酚酞试液、氯化钙溶液、蒸馏水。

仪器：试管、滴管、矿泉水瓶、烧杯、带导管的单孔塞、铁架台。

六、教学过程

师：同学们，前面我们已经学习了酸、碱、盐的性质，请同学们先完成学案上的"课前热身"。

生：（完成化学方程式，由一个学生书写在黑板上）

师：请同学们校对化学方程式是否书写正确，并回答第一个反应是哪类物质之间的相互反应。

生：酸和碱反应生成盐和水。

师：第二个呢？

生：盐和酸反应生成新盐和新酸。

师：第三个呢？

生：碱和盐反应生成新盐和新碱。

师：第四个呢？

生：盐和盐反应生成两种新盐。

师：很好，这一节课我们将利用这些知识一起来完成"氢氧化钠与二氧化碳反应的探究"。请同学们想一下，氢氧化钙和氢氧化钠能否与二氧化碳反应。

生：能。

师：请写出反应的化学方程式。

生：（书写方程式）

师：请同学们回忆，澄清石灰水中通入二氧化碳，溶液有什么变化。

生：溶液变浑浊。

师：那么氢氧化钠溶液中通入二氧化碳又有什么现象呢？（演示实验）

生：无明显实验现象。

师：氢氧化钙与二氧化碳反应生成了不溶于水的碳酸钙，所以溶液变浑浊；氢氧化钠与二氧化碳反应生成的碳酸钠能溶于水，所以无明显实验现象。利用反应现象的不同，可以解决哪类问题？

生：鉴别石灰水与氢氧化钠溶液。

师：那么我们如何用实验证明二氧化碳与氢氧化钠发生了反应？上课时老师为大家演示了这个实验（播放视频），同学们看到了什么现象？

生：气球胀大了。

师：为什么呢？

生：二氧化碳与氢氧化钠溶液反应，使瓶内气体减少，压强变小，空气沿导管进入气球，使气球胀大。

师：氢氧化钠溶液中有水，二氧化碳能溶且能与水反应，如何证明二氧化碳确实与氢氧化钠发生了反应？请同学们设计实验方案。

生：做对比实验，用等体积的水和氢氧化钠分别与二氧化碳反应。

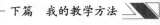

师：大家同意他的说法吗？

生：同意。

师：（演示实验软塑料瓶变瘪，根据学生的设计进行实验，方案一获得成功）

生：由于二氧化碳与氢氧化钠反应生成碳酸钠，我设计的方案是将二氧化碳与氢氧化钠反应，在反应后的溶液里滴加盐酸，如果有气泡产生，就证明二氧化碳与氢氧化钠发生了反应。

师：大家同意他的说法吗？

生：同意。

师：（演示实验，向实验后的溶液中滴加盐酸，根据学生的设计进行实验，方案二获得成功）这里的盐酸也可以换成稀硫酸或稀硝酸。

生：我设计的方案是将二氧化碳与氢氧化钠反应，向反应后的溶液中滴加氢氧化钙溶液，如果有白色沉淀产生，证明二氧化碳与氢氧化钠发生了反应。

师：大家同意他的说法吗？

生：同意。

师：（演示实验，向实验后的溶液中滴加石灰水，根据学生的设计进行实验，方案三获得了成功）氢氧化钙和碳酸钠反应生成不溶于水的碳酸钙，所以出现白色沉淀。常见的不溶于水的碳酸盐还有碳酸钡，所以也可以考虑将石灰水换成氢氧化钡溶液，也能得到相同的现象。

生：我设计的方案是将二氧化碳与氢氧化钠反应，向反应后的溶液中滴加氯化钙溶液，如果有白色沉淀产生，证明二氧化碳与氢氧化钠发生了反应。

师：大家同意他的说法吗？

生：同意。

师：（演示实验，向实验后的溶液中滴加氯化钙溶液，根据学生的设计进行实验，方案四获得成功）如果将溶液改为氯化钡溶液、硝酸钙溶液、硝酸钡溶液，也可以得到相同的现象。同学们的设计都成功地证明了二氧化碳能与氢氧化钠反应，设计具有异曲同工之妙，那么同学们主要是从哪些方面考虑的？

生：从两个方面，即一个是检验产物，另一个是反应物状态的变化引起气压的变化。

师：总结得很好。对于一些没有明显实验现象的实验，我们通常都是这样来验证的，有一些还可以根据反应前后溶液酸碱性的变化，借助酸碱指示剂进行判断，如酸碱的中和反应。

师：通过刚才的探究，我们可以得出实验结论，即氢氧化钠_____（填"能"或"不能"）与二氧化碳反应。氢氧化钠固体在空气中不仅能吸收_____，还能与_____反应而变质，因此氢氧化钠必须_____保存。（学生完成空格）下面请同学们一起来解决问题。实验室有一瓶忘记盖上瓶盖的氢氧化钠溶液，同学们想探究溶液的变质情况，做了如下猜想。

猜想一：氢氧化钠_____变质（溶液中的溶质只有_____）；

猜想二：氢氧化钠_____变质（溶液中的溶质既有_____又有_____）；

猜想三：氢氧化钠_____变质（溶液中的溶质只有_____）。

生：（完成猜想）

猜想一：氢氧化钠<u>部分</u>变质（溶液中的溶质只有<u>氢氧化钠</u>）；

猜想二：氢氧化钠<u>部分</u>变质（溶液中的溶质既有<u>氢氧化钠</u>又有<u>碳酸钠</u>）；

猜想三：氢氧化钠<u>全部</u>变质（溶液中的溶质只有<u>碳酸钠</u>）。

师：很好，为了验证猜想，同学们开始寻找合适的试剂进行探究实验。经讨论，同学们选择了以下物质，请你和他们一起探究是否可行。第一，无色酚酞溶液。

生：氢氧化钠溶液pH＞7，碳酸钠溶液pH＞7，所以<u>不能</u>（填"能"或"不能"）选择无色酚酞溶液。

师：第二，石灰水。

生：氢氧化钙与碳酸钠反应生成氢氧化钠，所以<u>不能</u>（填"能"或"不能"）选择石灰水。

师：第三，稀盐酸。

生：碳酸钠<u>能</u>（填"能"或"不能"）与稀盐酸反应，氢氧化钠_____

（填"能"或"不能"）与稀盐酸反应。（迟疑中）

师：当溶液中同时存在氢氧化钠和碳酸钠时，氢氧化钠先与盐酸反应；当氢氧化钠反应完时，碳酸钠再与盐酸反应。也就是说，如果滴入盐酸后没有明显实验现象，溶液中就没有碳酸钠；如果滴入盐酸后，立即产生气泡，溶液中就没有氢氧化钠；如果滴入盐酸后，刚开始没有明显的实验现象，过一会儿产生气泡，溶液中就既有氢氧化钠又有碳酸钠。

生：能（填"能"或"不能"）选择稀盐酸。

师：第四，氯化钙溶液。

生：（在教师引导下回答）氯化钙与碳酸钠反应生成氯化钠和碳酸钙。其中碳酸钙不溶于水，因此根据产生白色沉淀的现象，可以判断溶液中是否存在碳酸钠；另外因为氢氧化钠溶液pH=7，所以当溶液中加入的氯化钙溶液足量（不再生白色沉淀）时，静置后取上层清夜滴入无色酚酞溶液，根据溶液是否变红的现象，可以判断溶液中是否存在氢氧化钠。

师：（选择了正确试剂后学生进行实验）请你和他们一起完成表1。

表1

实验步骤	实验现象	实验结论
取少量溶液于试管中，加入_____	产生白色沉淀	溶液中存在_____
静置后取上层清液于试管中，滴加_____	_____	溶液中存在氢氧化钠，猜想_____正确

（生完成表1）

师：实验后，一同学提出疑问——能否将生成的碳酸钠转化为氢氧化钠？

生：（讨论解决了问题）方案是向溶液中滴加适量的氢氧化钙溶液至不再产生沉淀即可。

师：（小结）通过这一节课的学习，相信同学们已经掌握了如何设计实验验证二氧化碳与氢氧化钠确实发生了反应，也初步掌握了有关物质检验的方法和思路，相信通过同学们的努力，我们一定能取得成功。

七、教学反思

这是在学生学习完"酸、碱、盐"这部分内容后的一节复习课。二氧化碳与氢氧化钠溶液的反应实验现象不明显，使学生在学习这一反应时没有感性认识，掌握较难。本节课把学生在课堂学习中遇到的问题作为课题，引导学生从检验生成物和生成物状态变化引起气压变化两方面思考，设计实验进行探究，验证二氧化碳确实与氢氧化钠溶液发生了反应。该课以点带面，用一个探究问题带动了许多知识的综合巩固应用，涉及的知识面较广，包括酸的性质、二氧化碳的性质、质量守恒定律及相关的物理知识等，进行了学科综合训练。课堂上学生积极性高，思维活跃，设计出了许多精彩的实验方案。这一探究活动既培养了学生的知识应用能力，发展了学生的创新能力，又使学生明确了探究的一般过程和方法，培养了学生尊重事实的科学态度。在课堂教学中，我通过教学环节的设计，将一系列教学内容灵活地贯穿起来。通过导学案，我把思考的空间留给学生；通过设置探究实验，我培养学生思考问题、解决问题的能力；通过表述的训练，我将学科的逻辑思维渗透在整个教学过程中，对学生学科核心素养的培养起到了很好的促进作用。整节课也正是我的教学风格"自然、细密、精巧"的完美体现。

附：导学案

《氢氧化钠与二氧化碳反应探究》导学案

班级_____ 姓名_____ 学号_____

【知识回顾】

澄清石灰水中通入二氧化碳，溶液变_____，

氢氧化钠溶液中通入二氧化碳，现象是_____。

【探究开始】

氢氧化钠是否能与二氧化碳发生反应呢？

【我的猜想】

_____

【问题】如何用实验证明二氧化碳与氢氧化钠发生了反应？

【设计方案】

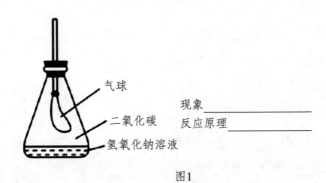

现象_____

反应原理_____

图1

【实验反思】

二氧化碳_____（填"能"或"不能"）溶于水且_____，如何设计实验方案证明二氧化碳确实与氢氧化钠发生了反应？

方案一：_____

_____；

方案二：_____

_____；

方案三：_____

_____；

方案四：_____

_____。

【实验结论】

氢氧化钠_____（填"能"或"不能"）与二氧化碳发生反应。

【拓展应用】

氢氧化钠固体在空气中不仅能吸收_____而_____，还能与_____反应而变质，因此氢氧化钠必须_____保存。

【再次探究】

如何探究一瓶氢氧化钠溶液的变质情况？

猜想一：氢氧化钠_____变质（溶液中的溶质只有_____）；

猜想二：氢氧化钠_____变质（溶液中的溶质既有_____又有_____）；

猜想三：氢氧化钠_____变质（溶液中的溶质只有_____）。

【设计方案】

请你说说下列探究设计是否可行：

（1）无色酚酞溶液。

氢氧化钠溶液pH_____7，碳酸钠溶液pH_____7，所以_____（填"能"或"不能"）选择无色酚酞溶液。

（2）稀盐酸。

碳酸钠_____（填"能"或"不能"）与稀盐酸反应，氢氧化钠_____（填"能"或"不能"）与稀盐酸反应。

当溶液中同时存在氢氧化钠和碳酸钠时，氢氧化钠先与盐酸反应；当氢氧化钠反应完后，碳酸钠再与盐酸反应。如果滴入足量盐酸后，_____，溶液中就没有碳酸钠；如果滴入足量盐酸后，_____，溶液中没有氢氧化钠；如果滴入足量盐酸后，_____，溶液中就既有氢氧化钠又有碳酸钠。

所以_____（填"能"或"不能"）选择稀盐酸。

（3）石灰水。

氢氧化钙与碳酸钠反应生成_____，所以_____（填"能"或"不能"）选择石灰水。

（4）氯化钙溶液。

氯化钙与碳酸钠反应生成_____和_____。其中_____不溶于水，因此根据产生_____的现象，可以判断溶液中是否存在碳酸钠；另外因为_____pH_____7，所以当溶液中加入_____的氯化钙溶液（不再产生_____）时，静置后取上层清夜滴入_____，根据_____的现象，可以判断溶液中是否存在氢氧化钠。

【实验结论】

选择了正确试剂后，同学们进行实验，请你和他们一起完成表1。

表1

实验步骤	实验现象	实验结论
取少量溶液于试管中，加入_____	产生白色沉淀	溶液中存在_____
静置后取上层清液于试管中，滴加_____	_____	溶液中存在氢氧化钠，猜想_____正确

【拓展应用】

能否将生成的碳酸钠转化为氢氧化钠？向溶液中滴加_____溶液至_____即可。

【我思我获】

对于没有明显实验现象的反应，我们可以通过以下方法进行判断：①利用_____变化，借助_____进行判断；②可以检验反应的_____；③如果反应物中有_____，可以从反应物状态的变化引起_____的变化进行判断。

第四单元《自然界的水》课题2 《水的净化》教学设计

一、教学目标

1. 知识与技能

（1）认识自然界中的水与纯净水的区别。

（2）知道吸附、沉淀、过滤和蒸馏等方法可以使水得到不同程度的净化。

（3）初步学会过滤的基本操作方法。

2. 过程与方法

（1）通过对生活用水现状的调查，初步学会分析问题。

（2）通过对水的净化过程的初步探究，认识根据物质的性质进行分离的实验原理。

3. 情感、态度、价值观

（1）通过自制净水器等多种形式，学会用化学知识解决实际问题，激发学习兴趣。

（2）通过对生活中水资源分布不均衡等的认识，进一步增强爱护水资源的意识。

二、教学重点

认识沉淀、过滤、吸附等净水方法。

三、教学难点

过滤的操作方法。

四、教学过程

1. 情境导入

上一节课我们已经学习了爱护水资源，知道了水在日常生活中的作用。在潮州，大量的生活用水都来自我们的母亲河——韩江。国庆节期间，老师到韩江边拍摄了我们美丽的母亲河，也为大家带回了我们这节课做实验的水样。（播放视频）

2. 学习新知

任务一：了解自然界里水中的杂质和自来水厂的净化过程

（1）实验台上展示各种不同的水样，1号烧杯装的是纯净水，学生观察1号烧杯中的水样与其他水样有什么不同，明白纯净水是无色、清澈透明的液体，没有气味，而自然界的水含有很多杂质，不溶性的杂质使其浑浊，可溶性杂质则可能使其有气味或颜色。

（2）城市生活用水是经自来水厂净化处理的，通过自来水的净化过程示意图（图1），了解净水过程：取水，加絮凝剂后依次通过反应沉淀池—过滤池—活性炭吸附池—清水池，然后投药消毒，最后通过配水泵输送到千家万户。

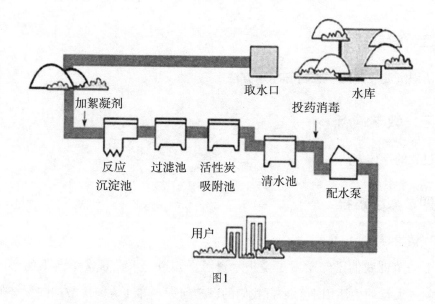

图1

任务二：学习净水方法——沉淀

（1）播放视频：从韩江取回来的水放置一夜，变得澄清了，这是净水的一种方法，叫作"静置沉淀"。

（2）为了使杂质沉淀得较快，可以加入一种物质——明矾。（让学生观察明矾）

分组实验：向3号烧杯中加入1药匙明矾，用玻璃棒搅拌使明矾溶解后，分一半到5号烧杯中，静置，观察并记录实验现象。

明矾溶于水后生成的胶状物能吸附杂质，使杂质沉降下来，这种方法叫作"吸附沉淀"。

任务三：学习净水方法——过滤

（1）提出问题：沉降在水底的不溶性杂质怎样与液体分离呢？比如，我们泡茶的时候，茶漏的作用是过滤，过滤可以将不溶性物质和液体分离，这是第二种净水方法。

（2）认识过滤装置（图2）。

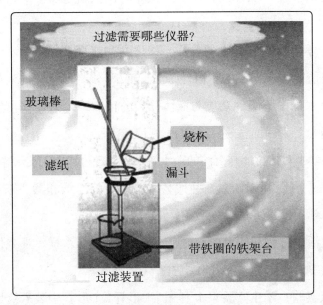

图2

（3）掌握过滤操作的关键点——"一贴、二低、三靠"：学生阅读实验4-2的内容，并结合课本中图4-16找出"一贴、二低、三靠"的相关内容。

（4）将5号烧杯的液体进行过滤。教师指导学生制作过滤器，将滤纸对折两次，展开，得到一个圆锥体，让学生观察一边的滤纸有三层，另一边只有一层；将滤纸放在漏斗内，用水润湿，使滤纸紧贴漏斗内壁，不留气泡，以防过滤速度慢，如果还有气泡，用玻璃棒轻轻挤压掉气泡（提示：滤纸边缘低于漏斗口，防止液体流出漏斗）；将过滤器固定在铁架台的铁圈上，使漏斗下端管口紧靠6号烧杯内壁，防止滤液溅出；玻璃棒末端轻轻斜靠在三层滤纸的一边，防止滤纸破损；取出5号水样，烧杯口紧靠玻璃棒，使液体沿着玻璃棒缓缓流入过滤器，防止待滤液体流到漏斗外，此时，玻璃棒起到的作用是引流。提示：过滤器内，液面始终要低于滤纸边缘，防止从漏斗和滤纸间的缝隙流下液体，使过滤不完全。

（5）学生找出实验成功和失败的两组进行展示对比，分析过滤之后液体仍然浑浊的原因：滤纸破了；倾倒液体时，液面高于滤纸边缘；仪器不干净。提示：如果过滤后液体仍然浑浊，需要寻找原因，重新过滤一次，在做实验时一定要规范操作。

（6）引导学生观察滤纸上的物质，指出这些就是水样中的不溶性杂质——滤渣。过滤只能除去水样中的不溶性杂质，而6号烧杯所承接的液体是滤液，这样，就达到将水样中不溶性杂质与液体分离的目的了。这样很自然地引入滤渣和滤液两个概念，为后面学习工艺流程埋下伏笔。

（7）引导学生对比过滤与沉淀的净水效果，发现过滤比沉淀的净水效果好。

（8）讨论：可以利用什么物品代替实验室中的滤纸和漏斗来过滤液体？

任务四：学习净水方法——吸附

设问：生活中有些液体可能有颜色或异味，如4号水样，那我们如何净化？我们日常生活中的净水器填充什么物质？（活性炭）

（1）分组实验：学生实验桌上有一个U形管，U形管中装入活性炭，学生将4号烧杯中的液体从装有活性炭的一端倒入U形管，观察现象。（液体的颜色变浅甚至消失）

（2）了解活性炭之所以能除去色素、异味，是因为活性炭具有疏松多孔的结构，可以吸附一些溶解的杂质并除去异味。引导学生得出"结构决定性质，性质决定用途"的结论。

（3）展示活性炭净水器示意图（图3）。

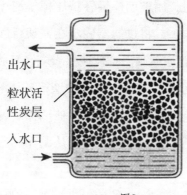

出水口

粒状活
性炭层

入水口

图3

引导学生观察入水口在哪一端并思考这样设置的原因。（可以使自然界的水通过活性炭，并与活性炭充分接触，还可以使部分杂质先沉淀，净化效果更好）

（4）对比吸附和过滤的净水效果：活性炭层不仅可以过滤掉不溶性杂质，还可以利用其吸附性吸附掉一些溶解的杂质，除去异味。吸附的净水效果比过滤的好。

所以，本节课所学习的净水方法净化程度由低到高分别是沉淀—过滤—吸附。

任务五：回顾总结

引导学生回顾自来水厂的净化过程，分析主要经过哪些步骤将浑水变成清水（取水—沉淀—过滤—吸附—消毒—配水），同时引导学生分析出其中消毒的步骤属于化学变化，其余属于物理变化。

任务六：自制简易净水器

根据本节课学习内容，我们可以自制简易净水器，出水口在下方，从上到下每两层纱布之间放置的依次是小卵石—石英砂—活性炭—蓬松棉（图4）。这套装置可以起到过滤、吸附的净水作用。

图4

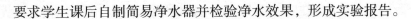

要求学生课后自制简易净水器并检验净水效果，形成实验报告。

3. 小结

（1）在本节课学习的净水方法中，哪种净水方法能使不溶性物质沉降？（沉淀）

（2）哪种净水方法能使不溶性物质与液体分离？（过滤）

（3）哪种净水方法主要能吸附一些溶解的杂质，除去异味？（吸附）

4. 练习巩固知识

（见学案）

5. 布置作业

（1）复习本节课内容，完成课本P80第1（1）、2、3、4题。

（2）用生活中的用品自制净水器。

（3）预习课题3。

五、教学反思

本节课从学生熟悉的韩江水样入手，通过设置分组实验让学生体验水的净化中的静置沉淀、吸附沉淀、过滤、吸附等方法，最突出的特点就是：

（1）设置多个对照实验，让学生感受不同净化方法的净化程度不同。

（2）通过"阅读课本寻找过滤操作的要点—动手操作—查找实验失败的原因"的教学环节，培养学生阅读提取信息的能力、动手能力、分析问题能力。在这样的教学设计中，本节课的教学重点非常突出，而且学生对通过动手、思考、讨论而获得的知识掌握得也比较扎实。

（3）课后布置学生自制简易净水器的任务，再次让学生的动手能力得到训练，相关知识得到巩固，也再次让学生体验到生活中处处有化学。

如果条件允许，在本节课授课前还可以组织学生到附近的自来水厂参观，让学生了解自来水厂净水的过程，然后对照本节课的授课内容，使其很容易发现在课本中学习的内容实际上经常在生活和生产中用到，让其意识到学习好化学可以解决生活和生产中的很多问题。

附：导学案

第四单元《自然界的水》课题2《水的净化》（第一课时）导学案

【探究之旅】

净水的常用方法：

1._____ ｛_____

_____

合作探究1：取出3号烧杯，向3号烧杯中加入1药匙明矾粉末。搅拌溶解后，分一半到5号烧杯中，静置，观察现象。

观察的现象和结论见表1。

表1

现象	
结论	

2._____：把_____和_____分离的方法。

合作探究2：过滤操作。

【实验用品】

_____、_____、_____、_____、_____。

【操作关键】

操作关键点见表2。

表2

操作关键点		连线	原因
一贴			以防过滤速度慢
二低			防止液体流出漏斗
			防止液体从漏斗和滤纸间的缝隙流下，使过滤不充分
三靠			防止待过滤液体流到漏斗外
			防止滤纸破损
			防止滤液溅出

【实验步骤】

（1）实验装置如图1所示，取一张圆形滤纸，对折两次，打开变成圆锥体，然后放入漏斗中，使之紧贴漏斗壁，并使滤纸边缘低于漏斗口，用胶头滴管取少量水将滤纸润湿，使滤纸与漏斗壁之间没有气泡。

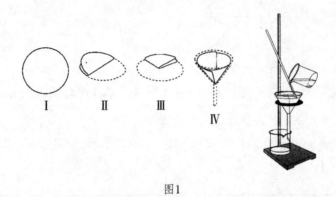

图1

（2）漏斗放于铁架台上，调节高度，使漏斗下端管口尖端紧靠承接滤液的6号烧杯内壁，以使滤液沿烧杯壁流下。

（3）将5号烧杯的液体沿玻璃棒慢慢向漏斗中倾倒，注意液面要始终低于滤纸的边缘。

想一想：过滤后滤液仍然浑浊的原因是什么？应该怎么做？

（4）净化水。

合作探究3：将4号烧杯中的水样倒一半到装有活性炭的U形管中，观察现象。

现象：经过活性炭层的水样由红色变为_____。

结论：活性炭具有_____能力，可以吸附一些溶解的杂质，除去异味。

讨论：净水过程中，主要经过哪些步骤除去水中的杂质，将浑水变成清水？

【练一练】

1. 小伟同学将浑浊的湖水样倒入烧杯，先加入明矾粉末搅拌溶解，静置一会儿后，采用图2所示装置进行过滤，请问：

（1）标号仪器的名称是：a_____；b_____；c_____。

（2）图中缺少的一种仪器是_____，其作用是_____。

（3）除了（2），图中还存在哪些不足？

①_____；

②_____。

（4）操作过程中，小伟发现过滤速度太慢，原因可能是_____

_____。

（5）过滤后小伟通过观察发现，滤液仍然浑浊，可能的原因有：

①_____；

②_____。

（6）改进后过滤，得到了澄清透明的水，小伟兴奋地宣布："我终于制得了纯净水！"对此，你有无不同的看法？_____（填"同意"或"不同意"），理由是_____。

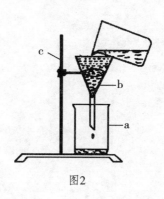

图2

2. 有一种含有碎菜叶、碎塑料薄膜、泥沙、氯化钠，还有一定臭味的生活污水（生活污水的成分十分复杂，此处为便于讨论，已经将其成分做了简化），将其进行去渣、去臭处理后，可以转化为厕所冲洗用水。

（1）采用_____操作可以除去污水中的碎菜叶、碎塑料薄膜、泥沙等。

（2）用_____物质，可以除去污水中的臭味。

3. 小华同学制作的简易净水器如图3所示，小卵石、石英砂和蓬松棉的作用是_____，活性炭的作用是_____。

图3

第四单元《自然界的水》课题3 《水的组成》教学设计

一、教学目标

1. 知识与技能

（1）通过水的生成和水的电解实验认识水的组成。

（2）了解氢气的性质。

（3）了解单质与化合物的概念，并学会区分。

2. 过程与方法

（1）结合教材，从人类认识水的组成过程中体会科学的探究和思维方法，认识实验探究和创新思维的重要性。

（2）充分利用讨论，培养观察、分析、归纳实验现象的能力和习惯。

3. 情感、态度与价值观

通过对电解水的化学实验的观察与分析，培养实事求是的态度。

以上教学目标的制订基于修订版化学课程标准课时目标的要求（准确、具体、可行，符合全面发展观以及统整观下的化学教学目标的制订），融合了知识与技能，过程与方法，情感、态度与价值观，"三维"目标融为一体。

二、学情分析

随着小学科学课，初中物理课，本单元课题1、2的学习以及生活经验的积累，初三学生已经知道水是我们身边常见的物质之一，而且对水的物理性质有了一定的了解。但对于水的组成，学生并不完全了解。学生在第二单元课题2《氧气》中所学的氧气检验方法是本课题学习的基础之一。

九年级的学生好奇心强，大脑机能显著发展并趋于成熟，首先他们对化学的兴趣逐步由直觉兴趣、操作兴趣、具有因果关系的兴趣向具有概括性的认知兴趣迁移。其次是知识基础：在生活中学生已经初步对水的物理性质有所了解。最后是能力水平：学生已初步具备了收集、分析、提取有用信息的能力，也初步具备了与人合作、交流，分析、解决问题的能力。因此，学生具备了学好本节课的知识和能力。

三、教学重点、难点

了解水的组成，知道水电解的产物是氢气和氧气。

四、教学过程

1. 新课引入

学生的桌面上都有一套微型实验装置，塑料胶头滴管里装的是氢氧化钠溶液，滴管的尖嘴伸入滴有洗洁精的蒸馏水中，塑料胶头滴管上有两个大头针，并用导线接到直流电源上（图1）。学生观察到有较多气泡产生后断开电源，用燃着的小木条点燃气泡，听到尖锐的爆鸣声。教师抛出问题："水通直流电后，为什么有气泡产生？点燃气泡为什么会有爆鸣声？"学生带着问题走进新课。

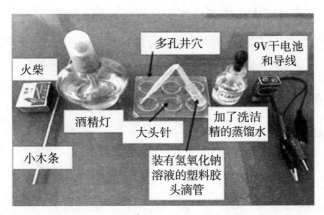

图1

2. 探究新知

任务一：了解人类认识水的组成的历史

在很长一段时间里，水曾被认为是一种元素，直到18世纪末，人们通过对水的生成和分解实验的研究，才最终认识了水的组成。研究氢气的燃烧实验是人们认识水的组成的开始。

1766年，英国的科学家卡文迪许发现将金属锌加入硫酸，就会产生一种无色非常容易燃烧的气体，他将这种气体叫作"可燃空气"。

同一时期，英国科学家普利斯特里也做了相似的实验，发现容器内壁出现了小液滴，经过反复实验，确认小液滴就是水。

1781年，卡文迪许用纯净的氧气代替空气，发现可燃空气在纯氧中可以安静地燃烧，发出淡蓝色火焰，生成物是水。

任务二：认识氢气

（1）教师演示用锌粒和稀硫酸制取一瓶氢气的过程，学生观察实验，结合课本81页第三自然段归纳出氢气的物理性质并写在学案上。

从收集到的气体观察氢气的颜色和状态——无色、气态；教师用排水集气法来收集氢气，说明氢气难溶于水；集气瓶倒放在桌面上说明氢气密度比空气小。

（2）播放氢气球爆炸的视频。因为氢气的密度比空气小，所以可用于充灌氢气球，在一些节日或庆典中来增加节日气氛，但如果操作不当会引发事故。氢气球遇到明火发生爆炸的原因是氢气具有可燃性，这是氢气的化学性质。

（3）氢气的验纯。混有一定量的空气或氧气的氢气遇明火会发生爆炸，所以点燃氢气之前要验纯，操作如图2所示。

Ⅰ.用拇指堵住集满氢气的试管口　　　　Ⅱ.靠近火焰，移开拇指点火

图2

本环节教师特意设计两次验纯，让学生听到不纯和纯净的氢气点燃时分别发出的不同响声，特别是不纯氢气点燃时的响声让学生印象深刻。

（4）点燃纯净的氢气并检验产物。纯净的氢气在空气中安静地燃烧，发出淡蓝色火焰。在火焰上方罩一个干冷的小烧杯，请一个学生摸一下烧杯壁，感觉氢气燃烧时放热，并观察罩在火焰上方的烧杯内壁出现无色液滴。氢气在氧气中燃烧生成水，氢气是由氢元素组成的，氧气是由氧元素组成的，由此可推断：水是由氢元素和氧元素组成的。

任务三：再看历史

1782年，拉瓦锡将水蒸气通过1000多摄氏度的金属管，重新获得了"可燃空气"。

1799年，意大利科学家伏特发明了"伏特电池"。

1800年，科学家尼克尔森用伏特电池对水进行了电解，两个电极附近都有气体生成，用排水法收集气体并检验，发现两极产生的气体是氢气和氧气。

任务四：认识水的电解

分组实验电解水：学生桌面上都有一台水电解器，玻璃管中已装满水，在水中加入少量氢氧化钠以增强导电性，将电解器的两极连接9V干电池正、负极，观察并记录两个电极附近和玻璃管内发生的现象（图3）。

图3

指导学生观察：

（1）两电极附近有什么现象？

（2）玻璃管内水位下降的速率一样吗？

（3）哪个玻璃管水位下降得快，哪个玻璃管水位下降得慢？

（4）产生的气体一样多吗？

（5）看看刻度，体积比大约为多少？把现象记录到学案里。

提出问题：两极产生的气体分别是什么？该如何检验？切断电源，用燃着的木条分别在两个玻璃管尖嘴口检验电解反应中产生的气体，观察并记录发生的现象。正极产生的气体使木条燃烧得更旺，说明这种气体具有助燃性，是氧气。负极产生的气体能燃烧，说明具有可燃性，是氢气。水在通电情况下，分解生成氢气和氧气；正极产生氧气，负极产生氢气，体积比大约为1∶2。记忆口诀为正氧负氢1∶2（体积比）。

任务五：分析实验

分析水生成和分解实验，说明其中的哪些现象和事实能说明水不是一种元素，而是由氢、氧两种元素组成的。

在化学反应前后，元素的种类不变。氢气是由氢元素组成的，氧气是由氧元素组成的，由此可推断：水是由氢元素和氧元素组成的。

回顾本节课开始时的微型实验：滴管中水发生电解，产生氢气和氧气，点燃的气泡是氢气和氧气的混合物，反应生成了水，点燃时发出爆鸣声。这个实验包含了水的分解和水的生成。水的分解实验和水的生成实验都证明了水是由氢元素和氧元素组成的。科学家们对此的研究经历了漫长而艰辛的过程，但却从未放弃，我们也要学习这种精神。

任务六：微观角度认识水的电解

教师展示2014年中国科学家在电子显微镜下看到的水分子的面貌图，这与科学家用精确实验测定的1个水分子是由2个氢原子和1个氧原子构成的相符合。

让学生搭建一个水分子、一个氧分子和一个氢分子的模型，大胆想象水电解过程中粒子的变化情况，利用这些模型来模拟电解水的微观变化过程（图4）。

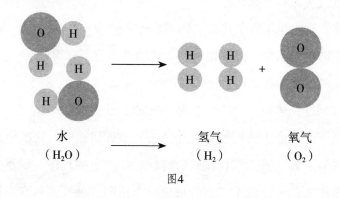

图4

学生通过分析得出：电解水在直流电的作用下发生了化学反应。水分子分解生成了氢原子和氧原子，2个氢原子结合成1个氢分子，很多氢分子聚集成氢气；2个氧原子结合成1个氧分子，很多氧分子聚集成氧气。

3. 小结本节课学习内容（图5）

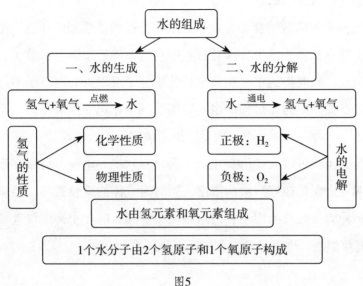

图5

4. 课堂练习

见导学案。

五、教学反思

课本内容分两部分：电解水的实验和对该实验的微观解释。很多教师都会通过演示实验来讲授水的电解这个实验，再通过模拟动画来演示微观变化的实质。这样的讲授方法虽然能让学生掌握知识，但是可能产生简单记忆和死记硬背的效果，很容易遗忘或者一知半解。

本节课设计的亮点：

（1）通过趣味小实验引入新课，调动学生的学习兴趣。趣味实验用品准备简单，但实际上包含了水的电解、点燃氢气和氧气混合气体产生爆鸣声两个小实验，操作简单而且非常安全，适合各层次学生开展。

（2）设计"了解人们对氢气认识的历史"的教学环节，让学生感受科学家们的探究精神，进行适当的德育教育。在此过程中也安排了沿着"前人脚步学化学"的设计思路，让学生循序渐进地掌握相关知识，有参与学习的兴趣和动力，取得了良好的教学效果。

（3）电解水的微观解释部分设置让学生自己构建模型的环节，把微观内容以宏观模型展示出来，学生在构建过程中自然而然地掌握了水分子、氧分子、氢分子的构成，同时渗透了"在化学变化中分子可以再分而原子不能再分"的知识，学生在模型的构建过程中也可以感受到"在化学反应前后，原子的种类和数目不变"，为下一单元学习质量守恒定律埋下了伏笔。

电解水的实验可以直接用9V电池，为增强水的导电性，可以在水中加入氢氧化钠，但一定要把控好溶液的浓度。同时对气体的检验教材已经从原来用带火星的木条检验氧气改为用燃着的木条检验，其目的在于突出氧气具有助燃性而氢气具有可燃性，因此教学过程中不要做随意改动。

附：导学案

第四单元《自然界的水》课题3《水的组成》导学案

班级_____ 姓名_____ 座号_____

一、水的生成

（一）氢气的性质

1. 物理性质：氢气是一种_____色、_____味，溶于水，密度比空气_____的气体。

2. 化学性质：具有性_____。

（1）氢气的验纯：①收集一试管氢气，用拇指堵住集满氢气的试管口；②管口朝下（为什么），靠近火焰，移开拇指点火。

若发出尖锐爆鸣声则表明氢气_____，声音很小表示氢气_____。

（2）氢气的燃烧：观察实验4-5氢气在空气里燃烧的现象。纯净的氢气在空气中安静地燃烧，发出_____火焰，_____，罩在火焰上方的烧杯内壁出现_____。

（二）讨论

1. 上述实验中有无新物质生成？发生了什么变化？

2. 上述实验中是否有水滴生成？

氢气燃烧的文字表达式：_____。

二、水的电解

（一）实验探究

1. 如教材中图4-25所示，在电解器玻璃管里加满水，接通直流电源，观察并记录两个电极附近和玻璃管内发生的现象。

记录表见表1。

表1

两玻璃管中现象的差异	正极端的玻璃管	负极端的玻璃管
	水位下降_____	水位下降_____
	正极产生的气体比较_____，负极产生的气体比较_____，体积比约为_____	

注意：在水中加入少量的氢氧化钠或硫酸钠以增强导电性，电解水用直流电源。

2. 切断上述装置中的电源，用燃着的木条分别在两个玻璃管尖嘴口检验电解反应中产生的气体，观察并记录发生的现象。

记录表见表2。

表2

项目	正极端的玻璃管	负极端的玻璃管
现象		
解释		

（二）讨论

1.上述实验中水是否发生了分解反应？生成了几种新物质？

电解水的文字表达式：_____。

2.分析水生成和分解实验，说明其中的哪些现象和事实能说明水不是一种元素，而是由氢、氧两种元素组成的。

化学反应前后，元素的种类_____（变/不变）。

氢气是由_____组成的，氧气是由_____组成的，由此可推断：水是由_____组成的。

实验结论：

（三）电解水反应的微观实质

（四）结论

（1）水是由_____和_____组成的。

（2）一个水分子是由_____和_____构成的。

练习：图1是电解水的简易装置，试回答以下问题。

（1）根据图1判断：

A是_____气，B是_____气，C是_____极，D是_____极。

（2）加入_____是为了增强水的导电性。

（3）与负极相连的试管内产生的气体能_____，产生_____色的火焰，证明是_____气。正负两极气体的体积比为_____。

（4）该反应的文字表达式为_____，属于_____反应。

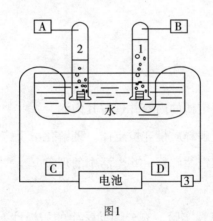

图1

第五单元《化学方程式》课题1
《质量守恒定律》教学设计

一、教学目标

1. 知识与技能

（1）知道质量守恒定律的内容并理解其内涵。

（2）能从微观角度解释质量守恒定律，理解化学反应中的定量关系。

（3）能用质量守恒定律解释一些生活中的现象。

2. 过程与方法

（1）增加学生探究性实验，充分调动学生的积极性，让学生通过操作、观察、组织讨论总结规律。

（2）加强实验中各个环节的教学，从而拓展学生的思路。

（3）通过对具体化学反应的分析，培养学生思维的有序性和严密性。

3. 情感、态度与价值观

（1）认识定量研究对于化学科学发展的重大意义。

（2）通过体验质量守恒定律的发现过程，感悟科学家的科学探究精神，培养科学观念和科学素养。

二、教学重点

质量守恒定律的理解及应用。

三、教学难点

从微观角度认识在一切化学反应中，反应前后原子的种类没有改变，数目没有增减。

四、教学过程

1. 新课引入

"春蚕到死丝方尽，蜡炬成灰泪始干。"人们经常用这句诗来赞美蜡烛燃烧自己，照亮别人的高尚品质，是因为大家发现蜡烛燃烧后质量变小了，甚至消失了。废铁收购站往往把收购来的废铁放在潮湿的环境中，等长满铁锈后再出售给厂家，以此来获取更高利润，是因为收购商发现钢铁生锈后质量变大了。那蜡烛燃烧和钢铁生锈属于什么变化呢？

化学反应后，物质的质量总和是变大，变小，还是不变呢？怎么验证你们的猜想呢？

17世纪，化学家波义耳在敞口的容器中煅烧金属，发现反应后质量增加了。而在100年后，法国化学家拉瓦锡利用精确的定量实验研究了氧化汞的分解和合成反应。他将45.0份质量的氧化汞在密闭的容器中加热分解，恰好得到了41.5份质量的汞和3.5份质量的氧气。因此，他提出化学反应前后物质质量总和是不变的。这是不是巧合呢？

今天，就让我们沿着前人的步伐，利用实验来探究化学反应前后物质的质量关系。

2. 探究新知

实验之前，首先要明确实验的目的是探究化学反应前后物质的质量总和有何关系。设计方案，确定一个化学反应作为研究对象，并选择实验所需的仪器、药品，确定实验步骤。实验过程中我们需要称量两次，即称量反应前各物质的质量总和和反应后各物质的质量总和。

探究用到的称量仪器是电子天平，电子天平使用时要注意：

（1）称量前，电子天平应放在平稳的桌面上，打开开关，先清零，待示数归零后再把物品放在天平托盘的正中间称量。待示数稳定后再进行读数，记录实验数据，天平的误差在正负0.1g。

（2）称量干燥的固体药品前，应在托盘上放一张纸，清零后再把药品放在纸上称量；易潮解的药品，必须放在玻璃器皿（如小烧杯、表面皿）里称量。

任务一：红磷在空气中燃烧

在底部铺有细沙的锥形瓶中，放入一小堆干燥的红磷。在锥形瓶口的橡胶塞上安装一根玻璃管，在其上端系一个小气球。玻璃管、橡胶塞和气球等装置密闭。打开天平，清零，等示数归零后把装置放在天平上称量，读取质量。接着，引燃红磷。课本中是将玻璃管在酒精灯上灼烧后才插入锥形瓶引燃红磷的，实验过程中无法使装置完全密闭，因此对实验进行改进，利用激光笔聚焦加热引燃红磷，引燃红磷后要注意观察锥形瓶内红磷燃烧的现象和气球的变化。红磷燃烧，发出黄色火焰，产生大量白烟。反应放热（摸一下装置）。气球先胀大后缩小。让装置冷却到反应前的温度再称量质量。

分析反应前的质量总和和反应后的质量总和相等的原因。反应前称量了装置的质量、参加反应的氧气的质量、其他气体的质量、红磷质量，反应后称量了装置的质量、瓶内其他气体的质量、五氧化二磷的质量，得出参加反应的红磷和氧气的质量总和等于反应后生成的五氧化二磷的质量，初步得出结论：参加化学反应的各物质的质量总和等于反应后生成的各物质的质量总和。

引导学生思考几个问题：

（1）气球为什么会先胀大后缩小？——反应放热，气体受热膨胀，气球变大；反应后红磷消耗了空气中的氧气，气体体积减小，气球又缩小。

（2）锥形瓶底部铺细沙的作用是什么？——防止锥形瓶炸裂。

（3）玻璃管上端的气球的作用是什么？——平衡气压，起到缓冲作用。

任务二：铁钉和硫酸铜溶液的反应

分组实验，具体操作步骤如下：

（1）打开电子天平开关，将纸放在天平上，清零。

（2）铁钉用砂纸打磨干净，将盛有硫酸铜溶液的锥形瓶和铁钉放在天平上一起称量，记下反应前物质的总质量m_1。

（3）用镊子把铁钉加入装有硫酸铜溶液的锥形瓶（留下一根对照），观察一段时间后溶液颜色、铁钉表面发现的变化，记下反应后物质的总质量m_2。

（4）比较m_1和m_2的大小。

实验结束后，请小组代表分享观察到的实验现象和反应前后物质质量的关系。

分享反馈：铁钉表面生成红色物质，溶液由蓝色变为浅绿色。反应前后物质的质量相等。

分析：反应前我们称量了锥形瓶、橡胶塞、水、铁、硫酸铜的质量，反应后称量了锥形瓶、橡胶塞、水、硫酸亚铁、铜、未参加反应的铁的质量。因此参加反应的铁和硫酸铜的质量总和等于反应后生成的铜和硫酸亚铁的质量总和。

任务三：初识质量守恒定律

质量守恒定律：参加化学反应的各物质的质量总和等于反应后生成的各物质的质量总和。

分析问题找关键词：

（1）在化学反应A+B→C中，10g A物质和5g B物质充分反应后，还剩余3g A物质，B无剩余，则生成C物质的质量为多少？——关键词"参加"。

（2）10g水受热蒸发变成10g水蒸气，这一变化能用质量守恒定律解释吗？——关键词"化学反应"。

（3）根据质量守恒定律，2L氢气和1L氧气反应，能生成3L水，这句话对吗？——关键词"质量守恒"。

任务四：深度理解质量守恒定律

分组实验：探究课本中实验5-1，盐酸与碳酸钠粉末反应前后质量的测定。学生小组讨论确定实验装置，分工合作。实验结束后，分享观察到的实验现象和反应前后物质质量的关系。

利用不同装置（图1）进行实验的小组分享对比。

图1

分析同一个反应为什么会有不同结果。——一个装置密闭，一个装置敞口，生成的气体逸散到空气中。

那这样是不是就违背了质量守恒定律呢？

演示实验：课本实验5-2，镁条燃烧前后质量的变化。

设置问题：在空气中点燃镁条，反应前镁条的质量和最后留在石棉网上的氧化镁的质量哪个大？——根据质量守恒定律，镁条和氧气的质量总和应该等于生成的氧化镁的质量。所以氧化镁的质量应该比镁大。

实验验证：将镁条和石棉网一起放到天平上称量，读取反应前物质的质量。用坩埚钳夹取镁条在酒精灯上点燃，注意观察镁条燃烧时的实验现象，将燃烧后的产物连同石棉网一起放到天平上称量，读取反应后物质的质量。

分析与预测的结果不同的原因：①没有称氧气的质量；②坩埚钳上残留了一部分氧化镁；③实验过程中一缕白烟（氧化镁）逸散到空气中。

思考：根据上面的实验，在验证质量守恒定律的时候要注意什么？——若选择有气体参加或有气体生成的化学反应来验证质量守恒定律，反应一定要在密闭容器中进行。

任务五：微观角度看质量守恒定律

一切化学反应都遵循质量守恒定律，那为什么化学反应前后物质的质量总和相等呢？试用分子和原子的观点解释。

以水电解微观示意图解释：化学反应的实质是分子分解成原子，原子再重新组合成新分子。在这个过程中原子的种类没有改变、数目没有增减、原子的质量也没有改变，所以反应前后物质的质量不变。

【小结】本节课，我们通过实验，从定性到定量，从宏观到微观，完整地探究了质量守恒定律。质量守恒定律适用于一切化学反应的微观原因是化学反应前后原子的种类、数目、质量不变。其中蕴含的守恒思想也是贯穿化学学习始终的重要思想。我们不仅要学会辨识宏观现象，而且要学会透过现象看本质，探析微观实质，能从宏观和微观相结合的视角去分析解决实际问题。

五、巩固练习

（1）有人说他能点石（主要成分 $CaCO_3$）成金（Au），你认为他的说法有科学道理吗？

（2）某物质在氧气中燃烧生成二氧化碳和水，则该物质中一定含有＿＿＿＿＿元素，可能含有＿＿＿＿＿元素。

（3）化学反应前后，一定不发生变化的是（　　　）。

①分子的种类　②原子的种类　③分子的个数　④原子的个数

⑤元素的种类　⑥元素的质量　⑦物质的总质量

A.②③④⑤⑦　　　　　　　B.②④⑤⑥⑦

C.①②③④⑤　　　　　　　D.②③④⑥

（4）在一个密闭容器中有X、Y、Z、Q四种物质，在一定条件下充分反应，测得反应前后各物质的质量如下，下列说法中不正确的是（　　　）。

物质	X	Y	Z	Q
反应前质量/g	4	10	1	25
反应后质量/g	未测	21	10	9

A. 该反应为分解反应

B. X中未测值为0

C. 该反应遵循质量守恒定律

D. 该反应中X为反应物

六、布置作业

（1）完成课本100页第3，4题。

（2）设计密闭装置探究镁燃烧前后物质的质量关系，在作业本上画出设计图。

（3）预习课题2《如何正确书写化学方程式》。

第六单元《碳和碳的氧化物》课题1 《金刚石、石墨和C₆₀》教学设计

一、教学目标

（1）了解金刚石和石墨的物理性质和主要用途。

（2）知道碳单质的化学性质。

（3）知道不同的元素可以组成不同的物质，同一种元素也可以组成不同的物质。

（4）以碳的单质为载体，形成"物理的性质在很大程度上决定了物质的用途"以及"科学发展是无止境的"的观念。

二、教学重点

（1）了解金刚石、石墨、活性炭、木炭的性质和用途。

（2）了解结构、性质、用途三者的关系。

三、教学难点

培养学生实验设计的能力。

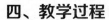

四、教学过程

1. 新课引入

我们知道，丰富多彩的物质世界是由元素组成的。例如，氧气是由氧元素组成的，氢气是由氢元素组成的，水是由氢、氧两种元素组成的。不同的元素组成不同的物质。那么，在物质世界中，有没有同一种元素组成不同物质的例子呢？

播放视频：美丽的钻戒和铅中毒是真的吗？引入本节课学习的主角——金刚石和石墨。它们都是由碳元素组成的不同物质。

2. 探究新知

任务一：探究金刚石的硬度

（1）学生的实验桌上有一把小刀和一个玻璃片，教师指导学生试一试用小刀能不能把玻璃片划开。

（2）教师用玻璃刀演示裁玻璃，分析在玻璃刀头有一颗金刚石，金刚石是天然存在的最硬的物质，比玻璃硬，所以可以用来裁玻璃。

（3）教师播放金刚石钻头的视频，让学生了解金刚石的用途。

任务二：了解金刚石与石墨的来源

让学生了解纯净的金刚石是无色透明，正八面体形状的固体，天然采集到的金刚石经过仔细研磨后，可以成为璀璨夺目的装饰品——钻石。

教师播放金刚石和石墨故事的视频，让学生了解石墨和金刚石都是碳的单质。日常生活中用的铅笔芯就含有石墨。

任务三：探究石墨的性质和用途

（1）观察石墨的颜色，了解石墨是深灰色、不透明，有金属光泽的细鳞片状的固体。

（2）由石墨制成的铅笔芯能够写字说明石墨质地软。而且因为石墨质地软，所以制作铅笔芯时还需加入黏土，增强硬度。

（3）探究石墨的滑腻性：用小刀轻轻刮铅笔芯，用手摸铅笔芯粉末，有什么感觉？——有滑腻感。锁生锈打不开，往锁孔中加入石墨粉就能顺利开锁。所以石墨可以用作润滑剂。

（4）探究石墨的导电性。把一根2B的铅笔芯和两根导线连接在一起（图1），接通电源后，灯泡是否发亮？这个实验说明了什么？——灯泡发亮。这个实验说明石墨具有导电性。

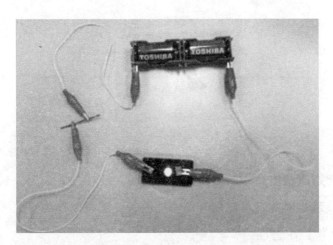

图1

再将2B和12B铅笔芯并联做这个实验，哪个灯泡较亮？说明了什么？——与12B铅笔连接的灯泡较亮，说明其他条件相同时，B值大，导电性能越好。

引导学生思考得出结论：石墨能导电，所以石墨可以做电极、电刷。

（5）播放坩埚的视频。说明石墨的熔点高，可制作坩埚等。

任务四：分析金刚石和石墨的物理性质差异大的原因

展示金刚石、石墨的微观结构示意图，再让学生观察二者的结构模型，分别总结出金刚石、石墨的结构特点。金刚石的碳原子在空间构成连续、坚固的骨架结构，所以坚硬；石墨的碳原子呈平面层状结构，层与层之间的作用力小，所以很软。所以金刚石和石墨的物理性质差异大的原因在于它们碳原子的排列方式不同。可见，物质的结构决定物质的性质。

任务五：认识炭黑

学生点燃一支蜡烛，把小刀放在蜡烛火焰的上方（如图2），观察小刀上有没有新物质产生？待小刀冷却后，用手摸产生的物质，并涂在白纸上，观察。

图2

产生的新物质是由石墨的微小晶体和少量杂质构成的炭黑，炭黑可以在纸上留下黑色痕迹，因此它可以用于制作油墨等，还可以作为鞋底、轮胎等橡胶制品的填料，增强耐磨性。

任务六：探究活性炭的吸附性

将课本实验6-1做如下改进：U形管中装入的黑色物质是活性炭，学生将15mL红墨水向装有活性炭的一端缓缓倒入U形管，观察并记录现象。

观察到U形管的另一端液体的颜色由红色变为无色。

活性炭具有疏松多孔的结构，因此它具有吸附能力，能吸附部分溶解的杂质，除去臭味。活性炭具有强吸附性，可以用于制作防毒面具，还可以作为冰箱除味剂，还能用作环保活性炭包，制糖工业也利用活性炭来脱色以制白糖。

除了活性炭，木炭也具有疏松多孔的结构，具有吸附能力，能吸附一些食品和工业产品里的色素，也可除去异味。而焦炭常用于工业炼铁。

任务七：讨论物质的性质与用途之间的关系

结合金刚石、石墨、木炭和活性炭的性质和用途，讨论物质的性质与用途之间有什么关系。性质决定用途，用途体现性质。结构决定性质，性质体现结构。

任务八：认识C_{60}

除金刚石、石墨外，科学家发现，还有一类新的以单质形式存在的碳，其中，发现较早并已在研究中取得重要进展的是C_{60}，C_{60}分子的结构跟什么相似？

播放视频，让学生观看视频后阅读课本110页相关内容，然后找出以下问题的答案：

（1）一个C_{60}分子由多少个碳原子构成？

（2）由C_{60}分子构成的物质是单质还是化合物？

这种"足球"结构的碳分子很稳定。目前，人们正在进一步了解C_{60}分子的结构和性质以及在材料科学、超导体等方面的应用。C_{60}具有广泛的应用前景。

除了C_{60}，一些新的单质碳又相继被发现，如C_{70}、碳纳米管、人造金刚石和金刚石薄膜、石墨烯。播放视频让学生了解前沿技术。

随着科学技术的发展，碳单质的用途也将不断扩大。

五、小结

学完本课题，我们应该知道：

（1）不同的元素可以组成不同的物质，同一种元素也可以组成不同的物质，如金刚石、石墨、C_{60}都是由碳元素组成的单质。

（2）木炭和活性炭具有吸附性。

（3）物质结构决定性质，性质决定用途，用途体现性质，性质体现结构。

六、课堂练习

（1）"没有金刚石，不揽瓷器活"这句俗语来源于明朝。李时珍研究金刚石时发现，金刚石不但可切割玉石，还能在玉器或瓷器上钻眼儿。这利用了金刚石的_____性质。

（2）竹炭纤维对甲醛、苯、甲苯、氨等有害物质和粉尘能发挥吸收、分解异味和消臭的作用，在国际上被誉为"21世纪环保新卫士"。这是因为竹炭纤维具有的_____结构，起_____作用。

（3）现代战争运用高科技的灵巧的"供电杀手"石墨炸弹，对敌方实施电力基本设施与网络的破坏，阻断敌方的电力供应，使其系统瘫痪，让对方成为无电的盲聋人，就是一种战胜对手取得胜利的重要手段。这利用了石墨的（　　）性质。

A. 质软　　B. 能导电　　C. 滑腻性　　D. 深灰色

（4）碳家族中，C_{60}的分子结构形似足球，下列关于C_{60}的说法中错误的是（　　）。

A. 它的结构与金刚石不同

B. C_{60}与金刚石属同种物质

C. 它是一种单质

D. 每个C_{60}分子由60个碳原子构成

（5）金刚石和石墨的物理性质差异很大的原因是（　　）。

A. 金刚石不含杂质，而石墨含杂质

B. 金刚石是单质，而石墨是化合物

C. 金刚石和石墨中的碳原子的排列方式不同

D. 金刚石和石墨是由不同元素组成的

（6）如图3所示，先在a，b两支相同的大试管中充满红棕色的二氧化氮气体，然后分别向a，b试管中加入质量相等的足量的石墨和活性炭，塞紧胶塞，经过一段时间后，打开弹簧夹，所观察到的现象是（　　）。

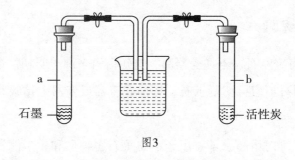

图3

A. b试管中的颜色消失，水往b试管流，a试管无明显变化

B. a试管中的颜色消失，水往a试管流，b试管无变化

C. a、b两试管中的颜色都消失，水往两试管流

D. a、b两试管中都无明显变化

（7）继发现C_{60}后，科学家又制得一种新的分子，化学式为C_{70}。下列有关C_{70}的说法中正确的是（　　）。

A. C_{70}是一种新型的化合物

B. C_{70}是一种混合物

C. C_{70}是一种新的碳单质

D. C_{70}的相对分子质量为70

（8）碳和碳的氧化物在生产和生活中有着广泛的应用。

① 下列物质的用途中，利用了石墨能导电的是＿＿＿＿＿＿＿＿＿＿（填序号，下同），利用了金刚石硬度大的是＿＿＿＿＿＿＿＿＿＿。

A. 玻璃刀　　B. 铅笔芯　　C. 钻探机的钻头　　D. 干电池的电极

② 炭雕是活性炭成型技术与传统雕刻工艺的完美结合，因为活性炭有疏松多孔的结构，具有＿＿＿＿＿＿＿＿＿＿能力，所以，炭雕既可以净化室内空气，又可以美化居住环境。

七、布置作业

（1）完成课本114页第1题，第2题的（1）（2）（3）。

（2）复习本节课内容，预习第二课时内容

八、教学反思

本节课通过一系列教学环节，环环相扣将知识讲透彻，也真正做到了以学生为主体，合理设计实验，尽可能让学生自己动手实验，通过实验探究得出物质的性质；教师自拍视频创设情境引入新课，也拍摄了很多实验图片，引导学生正确实验；除此之外教师还通过教学视频和一些关于碳单质（如石墨烯）的网络视频，让学生感知碳单质的运用前景广泛，激发学生学习化学的兴趣。

第七单元《燃料及其利用》课题1 《燃烧和灭火》教学设计

一、教学目标

1. 知识与技能

（1）认识燃烧的条件和灭火的原理。

（2）知道防火和自救的常识，培养自护自救能力。

（3）通过实验等活动，培养观察的能力、合作与交流的能力、分析问题的能力、解决问题的能力。

2. 过程与方法

（1）能利用物质燃烧的条件解释日常生活中的现象。

（2）能利用灭火的原理处理一些突发的失火状况。

（3）进一步学习科学探究的一般方法与步骤，学会探究的思考方法。

3. 情感、态度与价值观

（1）通过探究"燃烧的条件"，初步形成富于思考、勇于探索的科学精神。

（2）通过学习辩证地认识燃烧现象，体会学习化学的价值。

（3）感受化学对改善个人生活和社会发展的积极作用。

二、教学重点

燃烧的条件和灭火的原理。

三、教学难点

（1）燃烧的条件和灭火的原理。

（2）着火点。

四、教学方法

讨论、实验探究、讲述。

五、教学过程

1. 情境引入

化学小魔术：魔棒点灯。为什么不用点燃，酒精灯就燃烧起来了？想不想了解其中的奥妙？上完这节课《燃烧和灭火》，自然就会找到答案了。

通过设置情境激发学生的学习兴趣。

2. 复习旧知，引入新知

刚才酒精灯燃烧，你们看到了什么现象？结合以前接触过的燃烧，说出燃烧有什么共同点。——发光、放热，与氧气反应剧烈，氧化反应。

引导学生给燃烧下定义。——燃烧是物质与氧气发生的发光放热的剧烈的氧化反应。

3. 探究新知

任务一：探究燃烧是否需要可燃物

分组实验：提供玻璃棒、木条、酒精灯、火柴、镊子、石块等物品，让学生自己选择合适的药品、器材，设计实验，探究燃烧是否需要可燃物。

任务二：探究燃烧是否需要与氧气充分接触

分组实验：提供蜡烛、酒精灯、火柴、烧杯、木条等物品，让学生自己选择合适的药品、器材，设计实验，探究燃烧是否需要与氧气充分接触。

任务三：探究燃烧的温度是否要达到着火点

介绍着火点的概念——物质燃烧所需的最低温度。

分组实验：提供酒精灯、火柴、纸张、木炭、镊子等物品，让学生自己选择合适的药品、器材，设计实验，探究燃烧的温度是否要达到着火点。

任务四：深入研究——燃烧的发生是否必须同时满足三个条件

演示实验：课本实验（图1）。

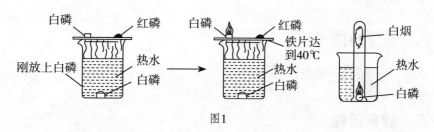

图1

问题1： 实验中薄铜片上的白磷燃烧而红磷不燃烧的事实，说明燃烧需要什么条件？——燃烧需要达到可燃物的着火点。

问题2： 薄铜片上的白磷燃烧而热水中的白磷不燃烧的事实，说明燃烧还需要什么条件？——燃烧需要可燃物与空气（氧气）接触。

问题3： 热水中的白磷燃烧起来再次说明燃烧需要什么条件？——燃烧需要可燃物与空气（氧气）接触。

问题4： 白磷燃烧后的产物是五氧化二磷，会对空气造成污染，同学们能不能将实验装置进行改进，减少空气污染呢？（图2）

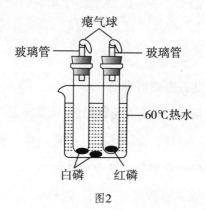

图2

结论：看来燃烧的三个条件必须同时具备，缺一不可。只要三个条件同时具备，水火也能相容。介绍火三角形（图3）。

图3

任务五：灭火大比拼

（1）介绍火灾带来的危害，让学生思考如何根据燃烧的条件来进行灭火。

（2）设计灭火大比拼环节：让学生根据所提供的物品，选择不同的方法灭火，并说出灭火的原理。

教师一边点蜡烛，一边让学生回顾燃烧的三个条件，并思考如何使它熄灭呢。

学生回答熄灭燃烧的蜡烛的方法：吹灭、扇灭、烧杯盖灭、浇水、盖湿毛巾、盖沙子、用灭火器、剪掉灯芯移开蜡烛等（图4）。

图4

学生分别进行实验并解释原理，通过现象分析得出结论。

教师归纳与总结：灭火的原理。

教师强调，"降低温度到着火点以下"不能说成"降低着火点"。着火点是物质固有的属性，一般是不可能发生改变的。

任务六：牛刀小试

（1）下列情况如何灭火？分别采用了什么灭火原理？

酒精灯如何熄灭？油锅着火怎么灭？森林火灾怎么灭？

（2）有利的燃烧是人类的伙伴，失控的燃烧（火灾）是人类的敌人。面对火灾，我们该怎么办呢？

几年前汕头潮阳区的某个KTV发生了严重的火灾，死伤几十人，但有两个学过初三化学的中学生安全逃生了，假如你在火灾现场，你该如何自救呢？

（3）他们是怎么走的？爬着走？正常走？为什么？

实验：点燃一高一低两只蜡烛，然后罩上大烧杯。

解释与应用：燃烧产生的二氧化碳以及一些有毒有害气体都是热气体，密度比常温下小很多（热气球），因此在室内上层。下层空气短时间内比较清洁，所以逃离火灾现场要爬着走。同时可以用湿毛巾捂住口鼻，因为水能够溶解吸收很多有毒有害气体。此外摸着墙壁走、摸摸金属门把手、室内没人不要打开门窗（为什么？）。另外，未成年人遇到火灾，不可盲目救火，可以采取打119、110或者就近告诉成年人等措施。

六、小结与练习

只要同时满足燃烧的三个条件，物质就可燃烧，而破坏燃烧的三个条件之一就可灭火。现在你们明白刚才魔棒点灯的道理了吗？

讨论思考得出原因：教师拿玻璃棒沾的物质反应放热使酒精的温度达到着火点以上。

1.下列有关燃烧的说法正确的是（　　　）。

A.一切氧化反应都是燃烧

B. 只要外界条件足够，所有物质都能燃烧

C. 用玻璃杯罩住点燃的蜡烛，火焰熄灭是因为隔绝了空气

D. 水能灭火主要是因为水蒸发吸热，降低了可燃物的着火点

2. 解释下列成语的化学原理：火上浇油、釜底抽薪、钻木取火。

七、发现与质疑

学完本节课，你有哪些收获？还有什么疑惑吗？

学生质疑，教师解答。

八、板书设计

第七单元课题1《燃烧和灭火》（第一课时）

一、燃烧

可燃物与氧气发生的发光放热的剧烈的氧化反应。

二、燃烧的条件：（三个同时具备）

三、灭火原理（具备一个即可）

1. 可燃物 　　　　　　　→　　　　1. 隔离可燃物

2. 与空气（氧气）接触　→　　　　2. 隔绝空气（氧气）

3. 温度达到着火点　　　→　　　　3. 降低温度到着火点以下

九、教学反思

本节课的设计中明显有几个环节充分调动了学生的学习兴趣，激发了学生的学习动力和探究欲望：

（1）通过魔术引入新课，在课前让学生对整节课充满期待。

（2）通过三个任务让学生自主探究燃烧的三个条件。

（3）补充"灭火大比拼"环节再次激发学生思考，巩固已学内容。

通过课本的实验让学生得出燃烧时三个条件必须同时具备、缺一不可，同时让学生评价该实验方案的不足之处并对实验进行改进，培养学生分析问题、

思考问题、解决问题的能力，也在此过程中对学生进行环保教育，体现化学实验的育人功能。在教学环节六中更是巧妙地设置了火灾报警的情境，把日常生活中的常识在课堂教学中教会学生，让学生进一步体会学好化学知识可以更好地解决生活中的问题。

第八单元《金属和金属材料》课题2 《金属的化学性质》（第一课时）教学设计

一、教学目标

（1）知道铁、铝、铜等常见金属与氧气的反应。

（2）初步认识常见金属与盐酸、稀硫酸的置换反应。

（3）通过实验探究和讨论交流，培养合作、分享、交流的团队意识与互助共赢的科学精神，形成求真务实的良好行为习惯。落实实验探究与创新意识、科学精神与社会责任等化学核心素养的培养。

二、教学重难点

1. 重点

（1）在实验探究中学习金属与盐酸、稀硫酸的反应及掌握金属的活动性比较。

（2）掌握置换反应的定义，能够判断并区别三种化学反应的基本类型。

2. 难点

分析实验现象，通过其反应的剧烈程度，比较金属的活动性。

三、教学方法

采用问题探究的教学模式，以实验探究为主、多媒体为辅的教学方法进行教学。

四、教学过程

1. 情境导入

故事引入，激发学生学习兴趣，明确本节课学习目标。

2. 复习旧知

通过复习金属的物理性质，引出金属的用途不仅与金属的物理性质有关，还与金属的化学性质有关。

3. 探究新知

（1）金属与氧气的反应。

问题1：为什么铝具有良好的抗腐蚀性能呢？

阅读课本，寻找答案。

展示新的铝壶和旧的铝壶，解释生活中铝壶失去金属光泽的原因，再抛出问题"是否适宜用钢刷或沙子擦洗铝壶？"让学生感受到生活中处处有化学，学好化学能解决很多生活问题。

问题2：金属铝、镁、铁、铜、金的活动性强弱是怎样的？

首先，让学生回顾知识并用实验探究常见金属铝、镁、铁、铜、金与氧气反应的难易和剧烈程度。此环节安排了以下实验：

① 观察久置于空气中的镁条，用砂纸打磨镁条，露出银白色金属，让学生了解镁在空气中能与氧气发生反应。再点燃镁条，让学生观察到"剧烈燃烧，发出耀眼白光"的现象。

② 回顾第二单元铁丝在氧气中燃烧的实验，指出铁丝在空气中不能燃烧，在氧气中能燃烧。接着用胶头滴管装铁粉，挤压胶头滴管在酒精灯火焰上点燃铁粉，发现铁粉可以燃烧，指导学生得出"化学反应的剧烈程度与反应物的接

触面积有关"，要做对照实验必须确保反应物的接触面积相同，为后面教学做好铺垫。

③ 铜丝在空气中灼烧，指导学生观察铜丝表面变黑但没有燃烧起来，让学生理解铜在加热条件下能与氧气发生反应，但不能燃烧，反应不剧烈。

④ 让学生灼烧教师的金戒指，观察现象。

其次，引导学生根据铝、镁、铁、铜、金在空气中发生反应的剧烈程度，得出金属活动性：镁铝比较活泼，铁铜次之，金最不活泼。

最后，归纳总结出比较金属活动性的方法之一：根据金属与氧气反应的难易和剧烈程度来判断。

（2）金属与盐酸、稀硫酸的反应。

问题1： 金属能否与酸发生反应？

教师演示金属镁与稀盐酸的反应，并检验生成的气体。本环节的目的主要是提醒学生实验操作注意的事项并教给学生检验氢气的方法。

问题2： 是否所有的金属都能与酸发生反应，反应剧烈程度相同吗？

学生分组实验，合作完成课本实验（问题1）——探究金属镁、锌、铁、铜与盐酸、稀硫酸的反应（图1），比较反应的剧烈程度并检验生成的气体。学生在此过程中观察到镁、锌、铁能与盐酸、稀硫酸发生反应，产生氢气，但反应剧烈程度不同，而铜不能与盐酸、稀硫酸发生反应。

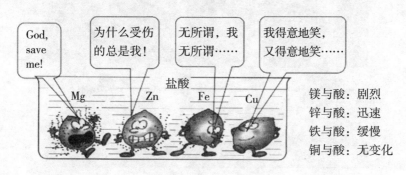

图1

问题3：能否由此归纳出四种金属活动性的强弱？

教师引导学生了解实验中使用的金属形状大小不一，与酸接触面积不同，四支试管的酸液先后加入，四个实验不能同时进行，实验没有控制变量，培养学生形成设计对照实验要控制变量的思维。改进前所用金属如图2所示，改进后所用金属如图3所示。

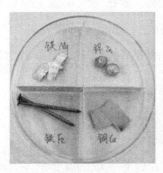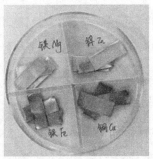

图2   图3

用改进后的装置演示实验。

实验改进装置（图4）：铁架台、具支试管、橡胶塞、注射器、气球、盐酸、形状大小相同的四种金属（镁片、锌片、铁片和铜片）。

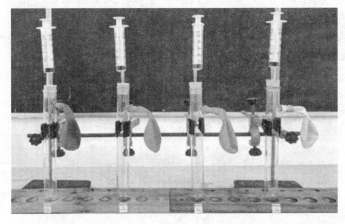

图4

使用方法：

① 在四支分别系上一个气球的具支试管中分别放入形状大小相同的镁片、锌片、铁片和铜片各一片。

② 用四支注射器分别抽取5mL等浓度的稀盐酸，连接好装置并固定在铁架台上。

③ 同时注入稀盐酸，观察具支试管中的现象和气球的变化。

实验改进装置（图5）：亚克力盒子、试管、橡胶塞、大头针、线、传感器、计算机、盐酸、形状大小相同的镁片和锌片。

图5

使用方法：

① 连接计算机与2个压强传感器。

② 在2支2cm×20cm的具支试管中加入1.5mL质量分数为10%的稀盐酸。

③ 取形状大小相同的镁片、锌片各一片分别同时放入两支试管中，塞紧连接压强传感器的橡胶塞。

④ 传感器开始收集数据并同步传送给计算机，绘制出装置内压强随时间变化的"压强—时间"曲线。

利用压强传感器来测定反应过程中压强的变化。金属与盐酸（稀硫酸）反应生成氢气，由于在密闭装置内反应，装置内压强随气体的生成不断增大，通过压强传感器测定密闭装置内的压强，并绘制出装置内压强随时间变化的"压强—时间"曲线，从而确定金属与盐酸、稀硫酸反应的剧烈程度，找出了等量的酸与足量的金属反应的曲线特点。学生由此知道了曲线的斜率能反映金属活动性的强弱，得出了"越陡峭越活泼"的规律。

通过实验探究，学生可以得出镁、锌、铁、铜的金属活动性强弱，可以得出镁、锌、铁、铜四种金属活动性：Mg>Zn>Fe>Cu，同时知道镁、锌、铁能置换出盐酸或稀硫酸中的氢。学生在观察实验现象后也可以理解实验室制取氢气时用的金属为什么是锌而不是镁和铁。归纳总结出比较金属活动性的方法之二：相同条件下，根据形状相同的等量的金属与同浓度、同体积的酸反应的剧烈程度可以判断金属活动性强弱。

（3）置换反应。

通过分析书写的化学方程式学习一种新的反应类型——置换反应：学生通过对比化合反应和分解反应的特点，分析镁、锌、铁与稀盐酸的反应，从反应物和生成物的物质类别分析归纳出置换反应的概念并找出置换反应的特点。

五、小结

（1）金属化学性质：①金属与氧气的反应；②金属与稀盐酸、稀硫酸的反应。

（2）置换反应：A+BC ══ B+AC。

六、课堂练习

（1）小兰家中收藏了一件清末的铝制佛像，该佛像至今保存完好。其主要原因是（　　）。

A. 铝不易发生化学反应

B. 铝的氧化物容易发生还原反应

C. 铝不易被氧化

D. 铝易氧化，但氧化铝具有保护内部铝的作用

（2）下列物质中，不能由金属单质和盐酸直接反应生成的是（　　）。

A. $MgCl_2$ 　　　　　　　　　　　B. $CuCl_2$

C. $FeCl_2$ 　　　　　　　　　　　D. $ZnCl_2$

（3）探究铁、铜、镁的金属活动性时，下列现象、分析或结论正确的是（　　）。

A. 铜片表面有气泡产生

B. 有镁片的试管外壁发烫

C. 铁片与盐酸反应速率最快

D. 它们的活动性：$Cu>Fe>Mg$

七、布置作业

（1）复习本节课内容。

（2）预习第2课时内容。

（3）拓展作业：寻找鉴别真假黄金（假黄金是铜锌合金）的多种方法。本节课的改进实验与课本的探究实验对比有哪些优点？

八、教学反思

课本探究实验的不足和改进方案：

（1）实验中使用的金属形状大小不一，与酸接触面积不同；改用形状大小相同的金属与等浓度等体积的同一种酸进行反应，使金属与酸接触面积相同。

（2）四支试管的酸液先后加入，而且需要多次用量筒量取，四个实验不能同时进行，浪费时间；将药品同时加入，既能节省时间，又能使实验同时进行，使实验更有说服力。

（3）实验中通过肉眼观察气泡产生快慢来比较反应的剧烈程度，以此为依据判断金属活动性的强弱，误差较大；通过气球体积的变化能更直观地了解反应的速率（图6），利用手持技术对实验进行数字化改进，曲线表征明显，从而使实验现象定量化、数字化（图7）。

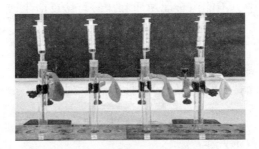

图6

图7

本节课的设计旨在引导学生在探究过程中发现问题、解决问题，通过改进实验，使装置科学化，实验效果直观有效。整个过程提升了学生的实验基本操作能力和实验探究能力，增强了学生严谨求实、勇于创新和实践的科学实验意识，培养了学生的化学学科素养。

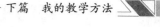

第八单元《金属和金属材料》课题2 《金属的化学性质》（第二课时）教学设计

一、教学目标

1. 知识与技能

（1）初步认识常见金属与盐溶液的置换反应，能用置换反应解释一些与日常生活有关的化学问题。

（2）能用金属活动性顺序对有关的置换反应进行简单的判断，并能利用金属活动性顺序解释一些与日常生活有关的化学问题。

2. 过程与方法

通过探究金属和化合物溶液的反应，判断金属活动性顺序。

3. 情感、态度与价值观

在实验操作中，获得科学方法的体验，养成实事求是的科学精神和严谨的科学态度，激发学习化学的兴趣。

二、教学重点

（1）金属和金属化合物溶液反应。

（2）探究金属活动性顺序。

三、教学难点

判断金属活动性强弱。

四、教学过程

1. 知识回顾

复习旧知识，并提出问题：

（1）上一节课，我们学习了金属的两个化学性质，分别是什么？引导学生回答：金属与氧气的反应，生成金属氧化物；金属与盐酸、稀硫酸的反应，生成金属化合物和氢气。

（2）由此我们学习了两个可用于比较金属活动性的依据，分别是什么？引导学生总结：相同条件下，金属与氧气反应的难易和剧烈程度；相同条件下，金属与盐酸或稀硫酸能否反应以及反应的剧烈程度。

通过学习，我们知道了镁、铝比较活泼，铁、铜次之，金最不活泼。通过探究得出，镁、锌、铁的金属活动性比铜强，它们能置换出盐酸、稀硫酸中的氢。那么，常见的金属活动性顺序是怎样的？是否还有其他比较金属活动性的依据呢？接下来我们一起来感受一下我国古代人民的智慧，看看你能否从中获得启示。

2. 新课讲授

环节一： 播放有关古代湿法炼铜的视频，让学生了解我国古代冶炼金属的高超水平，提升民族自豪感。让学生回顾将铁钉投入硫酸铜溶液中的实验现象，得出金属除了能与氧气反应，与盐酸、稀硫酸反应外，还能与金属化合物溶液反应。让学生思考"能否得出金属与金属化合物溶液反应的一般规律呢"，得出：金属$_1$+金属$_2$化合物溶液→金属$_2$+金属$_1$化合物溶液。

环节二： 把铁钉放在硫酸铜溶液中，铁钉上有紫红色的铜生成，说明活动性强的铁可以把活动性弱的铜从硫酸铜溶液中置换出来。那么，是不是活动性强的金属就能把活动性弱的金属从它的盐溶液中置换出来呢？

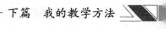

学生猜想：①活动性强的金属能把活动性弱的金属从它的盐溶液中置换出来；②活动性强的金属不能把活动性弱的金属从它的盐溶液中置换出来。

【探究实验】请利用铝丝、铜丝及硫酸铜溶液设计实验方案验证你的猜想，在导学案上写出实验方案。

方案：把一根用砂纸打磨过的铝丝浸入硫酸铜溶液中，过一会儿取出，观察现象。（把一根洁净的铜丝浸入硫酸铝溶液中，过一会儿取出，观察现象。）

学生分享现象及结论：

（1）浸入溶液中的铝丝上附着红色固体，蓝色溶液变浅。

（2）活动性强的金属能把活动性弱的金属从它的盐溶液中置换出来。

通过探究发现，铝能从硫酸铜溶液中置换出铜来，说明活动性强的铝能把活动性弱的铜从它的盐溶液中置换出来。所以，一种金属能否把另一种金属从其化合物的溶液中置换出来，这是比较金属活动性的依据之一。

环节三： 提出问题，如果要探究铜与银的活动性强弱，你会吗？请设计出你的实验方案。

【查阅资料】银的常见化合物溶液有硝酸银溶液。

方案：把一根洁净的铜丝浸入硝酸银溶液中，过一会儿取出，观察现象。（把一根洁净的银丝浸入硫酸铜溶液中，过一会儿取出，观察现象。）

学生根据设计的方案进行探究，并把实验现象和结论写在导学案上。

学生分享现象及结论：通过探究发现，铜能从硝酸银溶液中置换出银来，说明铜的金属活动性比银强。

环节四：

讨论1：上述能发生反应的化学方程式的特点是什么？它们属于哪种反应类型？

引导学生回答：上述能发生反应的化学方程式的特点是由一种单质和一种化合物反应生成另一种单质和另一种化合物。它们都属于置换反应。

讨论2：通过上述实验，你能得出铝、铜、银的金属活动性顺序吗？

结论：金属活动性铝>铜>银。

讨论3：如果要比较铝、铜、银的活动性，是否需要完成上述几个实验？你觉得最佳方案所需的药品是什么？

学生总结：方案一，硫酸铝溶液、铜、硝酸银溶液；方案二，铝、硫酸铜溶液、银。

归纳简单记忆方法："两盐夹一金""两金夹一盐"。

环节五：经过了许多类似上述实验的探究过程，人们进行了认真的去伪存真、由表及里的分析，归纳和总结出常见金属在溶液中的活动性顺序。

金属活动性顺序在工农业生产和科学研究中有重要应用，它可以给你以下判断依据：

（1）在金属活动性顺序里，金属的位置越靠前，它的活动性就越强。

（2）在金属活动性顺序里，位于氢前面的金属能置换出盐酸、稀硫酸中的氢。

（3）在金属活动性顺序里，位于前面的金属能把位于后面的金属从它们的盐溶液中置换出来。

总结注意事项：前换后，盐可溶，钾钙钠，要除外。

3. 小结

金属活动性顺序表的主要应用：

（1）判断金属与酸能否发生置换反应及其反应快慢。

（2）判断金属与盐溶液能否发生置换反应。

（3）如何选择药品探究三种金属的活动性强弱。

4. 练习巩固

（1）有X、Y、Z三种金属，X在常温下就能与氧气反应，Y、Z在常温下几乎不与氧气反应；如果把Y和Z分别放入硝酸银溶液中，过一会儿，在Z表面有银析出，而Y没有变化。根据以上实验事实，X、Y、Z三种金属的活动性由强到弱的顺序是（   ）。

A. X Y Z   B. X Z Y

C. Y Z X   D. Z Y X

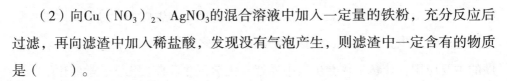

（2）向Cu（NO₃）₂、AgNO₃的混合溶液中加入一定量的铁粉，充分反应后过滤，再向滤渣中加入稀盐酸，发现没有气泡产生，则滤渣中一定含有的物质是（　　）。

A. Fe、Cu　　　　　B. Cu、Ag　　　　　C. Cu　　　　　D. Ag

（3）下列各组物质不能验证Mg、Fe、Cu三种金属活动性强弱的是（　　）。

A. 稀盐酸Mg、Fe、Cu

B. MgSO₄溶液、Fe、Cu

C. Mg、FeSO₄溶液、Cu

D. MgSO₄溶液、Fe、Cu（NO₃）₂溶液

五、教学反思

本节课的探究实验有两个。通过上一节课的学习，学生知道了铁的金属活动性比铜的强，把铁钉放入硫酸铜溶液中，铁钉上有紫红色的铜生成，说明活动性强的铁可以把活动性弱的铜从硫酸铜溶液中置换出来。在此基础上，教师提出问题：是不是活动性强的金属就能把活动性弱的金属从它的盐溶液中置换出来呢？学生通过探究发现，铝能从硫酸铜溶液中置换出铜来，说明活动性强的铝能把活动性弱的铜从它的盐溶液中置换出来，也就是"强才能换弱"。

由此学生知道活动性强的金属能把活动性弱的金属从它的盐溶液中置换出来，学会了可以用这种方法来比较金属活动性的强弱。在此基础上，教师继续抛出新问题：如果要探究铜与银的活动性强弱，你会吗？请设计出你的实验方案。由此学生进行了本节课的第二个探究实验，通过探究发现，铜能从硝酸银溶液中置换出银来，从而可以得出结论：铜的金属活动性比银强。

最后得出结论：金属和金属化合物溶液能够反应，说明金属比金属化合物中的金属活泼；金属和盐酸、稀硫酸的反应，金属和金属化合物溶液的反应是置换反应。学生通过实验培养猜想能力、实验操作能力、观察能力及分析问题的能力，体会实验探究的一般过程，体验探究学习的乐趣。

经过大量的实验，学生得出常见金属的活动性顺序。教师提出问题：根据

实验，结合金属活动顺序表，你能获得哪些信息？学生思考、讨论后回答。教师由此培养学生分析问题、概括总结的能力，之后通过练习巩固金属活动性顺序的主要应用，让学生体会生活中处处有化学，并且喜欢化学、学好化学、用好化学。

附：导学案

第八单元《金属和金属材料》课题2《金属的化学性质》导学案（一）

班级_____ 姓名_____ 座位号_____

【学习目标】

1.通过演示实验，初步判断镁、铝、铁、铜、金的活泼性。

2.通过实验探究及书写化学方程式，学会金属的两个化学性质。

3.根据方程式中反应物、生成物的物质类别，学会判断置换反应。

任务一：金属与氧气反应

写出金属与氧气反应的方程式。

1.常温下能与氧气反应的是：

（1）铝和氧气反应_____。

（2）镁和氧气反应_____。

2.高温下才能与氧气反应的是：

（1）铁和氧气反应_____。

（2）铜和氧气反应_____。

3.高温下也不和氧气反应的是_____。

【结论】

镁、铝、铁、铜、金五种金属活动性比较：_____、_____比较活泼，_____、_____次之，_____最不活泼。

【方法点拨一】

比较金属活动性的方法之一：相同条件下，金属与氧气反应的难易程度和剧烈程度。

任务二：金属与盐酸、稀硫酸的反应

【实验目的】

比较镁、锌、铁、铜四种金属的活动性。

【实验步骤】

分组实验情况见表1。

表1

实验组	实验情况
1~4组实验	1.向装有镁条的试管中倒入5mL稀盐酸。 2.向装有锌粒的试管中倒入5mL稀盐酸。 3.向装有铁钉的试管中倒入5mL稀盐酸。 4.向装有铜片的试管中倒入5mL稀盐酸。 观察有什么现象发生，哪个反应最剧烈。
5~8组实验	1.向装有镁条的试管中倒入5mL稀硫酸。 2.向装有锌粒的试管中倒入5mL稀硫酸。 3.向装有铁钉的试管中倒入5mL稀硫酸。 4.向装有铜片的试管中倒入5mL稀硫酸。 观察有什么现象发生，哪个反应最剧烈。

【实验记录】

实验记录表见表2。

表2

金属	现象		反应方程式	
	稀盐酸	稀硫酸	稀盐酸	稀硫酸
镁				
锌				
铁				
铜				

【讨论】

（1）在镁、锌、铁、铜几种金属中，哪些金属能与盐酸、稀硫酸发生反应？反应的剧烈程度如何？反应后生成了什么气体？

（2）哪些金属不能与盐酸、稀硫酸发生反应？

（3）根据反应时是否有氢气产生，可以将以上金属分成哪两类？

【结论】

镁、锌、铁、铜四种金属活动性比较：＿＿＿＿＿＿＿＿。

【方法点拨二】

比较金属活动性的方法之二：相同条件下，金属与酸反应的剧烈程度。

【讨论】

从反应物和生成物的物质类别，如单质、化合物的角度分析，这些反应有什么特点？

$Mg+2HCl \rightleftharpoons MgCl_2+H_2\uparrow$

$Zn+2HCl \rightleftharpoons ZnCl_2+H_2\uparrow$

$Fe+2HCl \rightleftharpoons FeCl_2+H_2\uparrow$

置换反应的概念：由一种＿＿＿＿＿＿＿与一种＿＿＿＿＿＿＿反应，生成了另一种＿＿＿＿＿＿＿和另一种＿＿＿＿＿＿＿的反应叫作置换反应。

【达标测评】

1. 下列反应不属于置换反应的是（　　　）。

A. $Zn+H_2SO_4 \rightleftharpoons ZnSO_4+H_2\uparrow$

B. $C+2CuO \xrightarrow{\text{高温}} 2Cu+CO_2\uparrow$

C. $Fe+CuSO_4 \rightleftharpoons FeSO_4+Cu$

D. $CO+CuO \xrightarrow{\triangle} Cu+CO_2$

2.（2020年·广西百色市中考）探究铁、铜、镁的金属活动性时，下列现象、分析或结论正确的是（　　　）。

A. 铜片表面有气泡产生

B. 有镁片的试管外壁发烫

C. 铁片与盐酸反应速率最快

D. 它们的活动性：Cu>Fe>Mg

【拓展作业】

1. 如何鉴别真假黄金？（假黄金是铜锌合金）

2. 本节课的改进实验与课本的探究实验相比有哪些优点？

《金属的化学性质》导学案（二）

【学习目标】

1. 初步学会常见金属与化合物溶液发生的置换反应，熟记金属活动性顺序并会简单应用。

2. 建构探究三种金属活动性顺序的方法模型，知道比较金属活动性顺序的一般方法。

【课前热身】

根据所学知识设计实验，比较锌与铁的活动性强弱。

实验用品：稀盐酸、砂纸、试管、大小相等的铁片和锌片。

实验方案：

【知识回顾】

将铁钉投入硫酸铜溶液中产生的现象是：_____。

其化学方程式为_____。

铁与铜的金属活动性强弱顺序为_____。

金属与金属化合物（盐）溶液反应可表示为_____。

【探究新知】

利用铝片、铜丝及硫酸铜、硫酸铝溶液探究铝、铜的活动性强弱。

猜想与假设：① _____；② _____。

探究的记录见表3。

表3

猜想与假设	实验方案	实验现象	反应的化学方程式	结论
①				
②				

通过上述探究，我学会了另一种比较金属活动性的方法：_____。

【活动探究】

如何比较铜和银的活动性顺序？

【资料】

银的常见化合物溶液有硝酸银。

活动探究的记录见表4。

表4

实验方案	实验现象	反应的化学方程式	结论

【思考】

如果要比较铝、铜、银三种金属的活动性顺序，是否需要同时完成上述三个实验？你觉得最佳方案所需要的药品是_____。

【归纳总结】

常见金属在溶液中的活动性顺序为_____

（H）_____。

金属活动性顺序的主要应用如下。

（1）判断金属与酸是否发生置换反应及其反应快慢。

注意：酸指_____和_____，不能用浓硫酸和浓硝酸。

练习1：下列金属与酸能反应而放出氢气的是（　　　）。

A. Fe和H_2SO_4　　　　B. Ag和稀HCl　　　　C. Zn和HNO_3　　　　D. Al和浓H_2SO_4

练习2：不能由金属与稀硫酸直接反应制得的物质是（　　　）。

A. $MgSO_4$　　　　　　B. $FeSO_4$　　　　　　C. $CuSO_4$　　　　　　D. $Al_2（SO_4）_3$

（2）判断金属跟盐溶液能否发生置换反应。

练习3：判断下列物质能否发生置换反应。

①Na与$AlCl_3$溶液；②Zn与$CuSO_4$溶液；③Cu与$ZnSO_4$溶液；④Al与$AgNO_3$溶液；⑤Mg与$FeSO_4$溶液；⑥Cu与AgCl（不溶）。

能发生反应的是_____。请写出其反应的化学方程式：_____

_____

_____。

练习4：下列反应的化学方程式中，正确的是（　　　）。

A. $Cu+2AgCl（不溶）=\!=\!=2Ag+CuCl_2$

B. $Zn+2AgNO_3=\!=\!=2Ag+Zn（NO_3）_2$

C. $2Na+CuSO_4=\!=\!=Cu+Na_2SO_4$

D. $2Fe+3CuCl_2=\!=\!=2FeCl_3+3Cu$

（3）判断金属与混合物溶液反应的次序。

练习5：某金属加工厂的废液中含有少量的硝酸铜和硝酸银，为了减少污染且回收废液中的金属铜和银，该厂向废液中加入了一定量的铁粉，充分反应后过滤，滤渣中一定存在的物质是_____（写化学式，下同），可能存在的物质是_____；滤液中一定有的物质是_____，可能存在的物质是_____。

（4）如何选择药品验证三种金属的活动性强弱？

常用方法是：先将三种金属由强到弱排好顺序，然后选择两边的金属和中间的盐溶液反应（两金夹一盐），或者选择中间的金属和两边的盐溶液反应（两盐夹一金）。

练习6：下列能用于证明铜、锌、铁三种金属活动性强弱的药品组是（　　）。

① Cu、Zn、$FeSO_4$溶液；② Fe、Cu、$ZnSO_4$溶液；③ Zn、$FeSO_4$溶液、$CuSO_4$溶液；④ Fe、$CuSO_4$溶液、$ZnSO_4$溶液。

A. ①②   B. ①③

C. ①④   D. ②③

练习7：某化学兴趣小组为验证Ag、Fe、Cu三种金属的活动性顺序，设计了如下图所示的实验操作。其中可以达到实验目的的组合是（　　）。

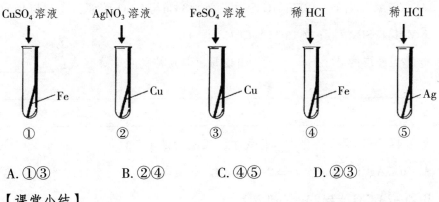

A. ①③   B. ②④   C. ④⑤   D. ②③

【课堂小结】

本节课我的收获是：_____

_____

_____

课本实验改进

一、探究实验"对蜡烛及其燃烧的探究"的改进

1. 教材中的设计

教材中对蜡烛燃烧后产物的探究是这样设计的：

点燃蜡烛，在火焰上方分别罩一个干燥的烧杯和一个用澄清石灰水润湿内壁的烧杯。

【设计目的】验证蜡烛燃烧后会生成水和二氧化碳。

仔细观察烧杯内壁有什么现象发生，推测蜡烛燃烧后生成了什么物质。熄灭蜡烛，观察蜡烛熄灭时有什么现象发生。用火柴去点蜡烛刚熄灭时产生的白烟，观察蜡烛能否重新燃烧。

【设计目的】验证熄灭蜡烛时产生的白烟是石蜡的蒸气凝成的固体小颗粒。

2. 存在的问题

因为本实验在9月份进行，所以蜡烛燃烧后产生的水冷凝成水珠的现象很难观察到。另外，用烧杯罩在火焰上方，蜡烛不完全燃烧产生的炭黑会影响学生对石灰水变浑浊现象的观察。吹灭蜡烛时，有时吹的力度把握不好，导致白烟逸散，较难点燃。

3. 改进措施

取一个干冷的集气瓶，点燃蜡烛，将燃着的蜡烛伸入集气瓶中，用玻璃片

盖住集气瓶瓶口（图1）。

石蜡

图1

由于集气瓶容积较大，蜡烛燃烧时产生的水冷凝在集气瓶瓶壁，比较容易观察。同时将生成的二氧化碳气体收集在集气瓶中，向集气瓶内倒入澄清石灰水，振荡，可以观察到澄清石灰水变浑浊的现象。熄灭蜡烛时，用酒精灯灯帽盖灭，可以将逸散到空气中的白烟凝聚在一起，这时用燃着的木条很容易将白烟再次点燃，确保实验成功。

也可以将一根长的导管插入蜡烛的焰心，将石蜡蒸气导出，然后在另一端点燃，形成子母焰。为了让学生更好地理解白烟是石蜡的蒸气，可以将一条冷的毛巾包在长的导管外面，让石蜡蒸气在导管中冷凝，让学生观察到导管中有固体出现的现象，用直观的实验现象代替教师的讲解。

二、探究实验"二氧化锰做过氧化氢分解催化剂"的改进

1. 教材中的设计

（1）在试管中加入5mL 5%过氧化氢溶液，把带火星的木条伸入试管，观察现象。

【设计目的】证明常温下过氧化氢分解速率很慢。

（2）向上述试管中加入少量二氧化锰，把带火星的木条伸入试管，观察现象。

【设计目的】证明二氧化锰能加快过氧化氢的分解。

（3）待上述试管中没有现象发生时，重新加入过氧化氢溶液，并把带火星

的木条伸入试管，观察现象。待试管中又没有现象发生时，再重复上述操作，观察现象。

【设计目的】证明反应前后二氧化锰的化学性质没有改变。

2. 存在的问题

催化剂的定义有三要素：改变化学反应速率、化学反应前后质量不变、化学反应前后化学性质不变。根据教材设计的实验，学生只能了解到改变化学反应速率和化学反应前后化学性质不变两个要素。虽然教材中在实验方案后面有一段文字叙述（如果在实验前用精密的天平称量二氧化锰的质量，实验后把二氧化锰洗净、干燥，再称量，你会发现它的质量没有变化），但不能给学生呈现直观的现象，没有说服力。

3. 改进措施

（1）实验前将二氧化锰做处理，把一小段玻璃棒涂上502胶水，均匀沾上二氧化锰粉末（用一个茶包的包装袋盛放二氧化锰），用电子天平或托盘天平准确称量二氧化锰和玻璃棒（包装袋和二氧化锰）的质量。

（2）用一支小试管装入约5mL的过氧化氢溶液，将带火星的木条伸入试管，观察现象。

（3）将沾有二氧化锰的玻璃棒（包装袋和二氧化锰）插（放）入试管，将带火星的木条伸入试管，观察现象。

（4）取出玻璃棒，另取一支小试管装入约5mL的过氧化氢溶液，将沾有二氧化锰的玻璃棒（包装袋和二氧化锰）插（放）入试管，将带火星的木条伸入试管，观察现象。（重复两次）

（5）取出沾有二氧化锰的玻璃棒（包装袋和二氧化锰），洗涤、烘干、称量，对比实验前的质量。

改进后，通过步骤（1）和（5）能得出"二氧化锰实验前后的质量不变"的结论，通过步骤（2）和（3）能得出"二氧化锰能加快过氧化氢分解速率"的结论，通过步骤（4）能得出"二氧化锰在化学反应前后化学性质不改变"的结论，这样就能将催化剂三要素全部以探究实验的模式教给学生，

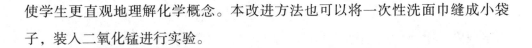

使学生更直观地理解化学概念。本改进方法也可以将一次性洗面巾缝成小袋子，装入二氧化锰进行实验。

三、人教版第三单元课题1《分子和原子》中分子的性质实验改进

1. 教材中的设计

教材设置了如下两个实验。

实验一：

向盛有水的烧杯中加入少量品红，静置，观察发生的现象。

【设计目的】让学生感知分子在不断地运动。

实验二：

（1）分子运动现象的实验。向盛有约20mL蒸馏水的小烧杯A中加入5～6滴酚酞溶液，搅拌均匀，观察溶液的颜色。

【设计目的】让学生了解酚酞溶液遇到蒸馏水和空气不变色。

（2）从烧杯中取出少量溶液放于试管中，向其中慢慢滴加浓氨水，观察溶液颜色有什么变化。

【设计目的】让学生了解酚酞溶液遇到浓氨水会变红色。

（3）另取一个小烧杯B，加入约5mL浓氨水，用一个大烧杯或水槽罩住A、B两个小烧杯，观察几分钟，看有什么现象发生。

【设计目的】证明分子在不断地运动。

2. 存在的问题

这两个实验只能简单地证明分子在不断地运动，不能让学生明确影响分子运动速率的因素，也不能让学生了解分子的其他性质；这两个实验需要的药品的量较大，造成浪费；同时，浓氨水有刺激性气味，在实验过程中会造成一定的空气污染。

3. 改进措施

（1）用滤纸剪出两根大小相同的滤纸条，在两根滤纸条上面分别点上距离

相等的几个点。两根滤纸条（标记为A和B）上的每一个点都滴上酚酞溶液。将两根滤纸条分别放入两支小试管。在试管口塞一团棉花。用胶头滴管在棉花上分别滴加浓氨水。将试管B放入热水中，观察现象。实验中可以观察到两根滤纸条上滴有酚酞的点从试管口到试管底部依次变红，且试管B变红的速率更快。这样的改进不仅能证明分子在不断地运动，还能证明分子的运动速率随温度的升高而加快，而且实验用到的药品的量很少，不仅节约药品，还减少了空气污染。

（2）取一根已经吃完的棒棒冰塑料管，向其中注入加了红墨水的蒸馏水至塑料管中间的凹处，继续向上半部分注入酒精至充满整个塑料管。用食指堵住塑料管口，上下摇动几次，让学生观察现象。可以观察到明显的液面下降的现象。通过简单的实验让学生掌握"分子间有一定间隔"这一性质。

四、人教版第四单元课题2《水的净化》系列实验的改进

1. 教材中的设计

教材设置了以下两个实验。

实验一：

取两个烧杯，各盛大半烧杯浑浊的天然水。向其中一个烧杯加入3药匙明矾。搅拌溶解后，分置于另外两个烧杯中，静置，观察现象。

【设计目的】通过对照实验，证明明矾具有净水功能。

实验二：

对已加入明矾的一个烧杯中的混合物进行过滤操作。

【设计目的】让学生明白过滤处理可以除去水中的不溶性杂质。

2. 存在的问题

两个实验虽然能让学生掌握净水的两种方法，但对各种方法的净化程度比较不明显，也缺乏对几种常见净水方法学习的整合。

3. 改进措施

（1）用一个大烧杯取大半烧杯天然水，适当加入少量泥土并滴入2滴红墨

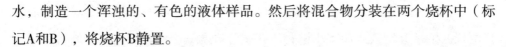

水，制造一个浑浊的、有色的液体样品。然后将混合物分装在两个烧杯中（标记A和B），将烧杯B静置。

（2）向烧杯A中加入3药匙明矾。搅拌溶解后，分一半倒入烧杯C，静置，观察现象。对比烧杯A和烧杯B中的液体，得出明矾有一定的净水功能和吸附沉淀比静置沉淀的净化效果好的结论。

（3）将烧杯C的液体进行过滤，滤液放于烧杯D中，将烧杯D中的液体与烧杯A中的对比，得出过滤的净化效果比吸附沉淀的净化效果好，能除去水中的不溶性杂质，但不能除去水中的可溶性杂质（色素等）。

（4）取一个U形管装入颗粒状活性炭，U形管两端分别用棉花塞紧，将烧杯D中的液体缓缓倒入U形管的左端，当液体渗透到U形管右端时，对照左右两端液体的颜色。观察到右端液体变为无色，说明活性炭具有吸附作用，能除去水中溶解的一些可溶性杂质（如色素）。这样的设计，层层推出净水的几种常见方法，通过几个对照实验，让学生掌握了几种净水方法净化程度的高低，有效地将知识有机整合。

五、人教版第五单元课题1《质量守恒定律》实验改进

改进点一：教材中通过定量的方法，利用托盘天平称量反应前后物质的质量总和来验证质量守恒定律。由于天平使用的时候要调零，还有装置的质量要估测，实验中按照天平的使用方法必须先加大砝码，再加小砝码，最后移动游码，要浪费一定的时间，再加上如果实验过程中有风，托盘天平就会受到影响，造成实验误差。基于本课题的实验目标是验证"化学反应前后物质的质量总和不变"，而不是训练托盘天平的使用方法，可以将托盘天平改为电子天平，使称量结果更准确，操作更简便，更节省实验时间。

改进点二：方案一对红磷在空气中燃烧前后的质量进行测定，教材中利用以下装置（图2）进行实验。

图2

实验操作中要将玻璃管在酒精灯火焰上烧到红热，然后伸入锥形瓶引燃红磷，实验过程中容易出现以下情况：

（1）玻璃管在加热前已经沾上红磷，这部分红磷会在酒精灯火焰上被点燃而损耗，导致质量变小。

（2）玻璃管烧到红热伸入锥形瓶，瓶内部分空气会受热逸出造成误差。

（3）玻璃管伸入锥形瓶时没有及时塞紧橡胶塞，使部分气体或产物逸出造成误差。

为减少实验误差，可以将引燃红磷的方法改为利用激光笔聚焦时产生的热量将红磷点燃，避免了上面所出现的情况，同时更突出实验在密闭装置中进行，有利于本节课的教学。此实验改进实际上也可以应用于空气中氧气含量的测定实验。

改进点三：方案二和实验5-1，教材中安排的实验装置如图3所示，目的是通过碳酸钠和盐酸在敞口容器中反应生成的二氧化碳气体逸散到空气中，导致反应后称得的总质量小于反应前称得的总质量，再结合实验5-2，让学生充分理解参加化学反应的各物质和反应后生成的各物质，包括气体等，如果要用有气体参与或生成的反应来验证质量守恒定律，必须采用密闭容器。其实这两个实验可以用烧杯、锥形瓶、胶塞、小试管、矿泉水瓶等实验用品，让学生大胆设计实验方案，设计出如下装置（图4）。

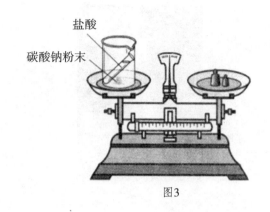

图3

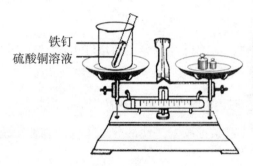

图4

多角度让学生讨论反应前后物质的总质量是否相等，为什么不同装置得出的结论不同，为什么铁钉和硫酸铜反应在敞口容器中进行质量还是不变。通过一系列的对比、讨论，将学习的主动权交给学生，这样更有利于该知识点的落实。

六、人教版第六单元课题1《金刚石、石墨和C_{60}》实验改进

1. 教材中的设计

在盛有半瓶水的小锥形瓶中加入一滴红墨水，使水略显红色，再投入几块烘烤过的木炭（活性炭），轻轻振荡锥形瓶，观察现象。

2. 存在问题

本实验如果用木炭做实验，木炭一定要预先烘烤过，时间比较长。同时，

将木炭（活性炭）投入红墨水中，因为两者都是黑色固体而且不溶于水，所以容易让整个混合物呈现浑浊。要让学生观察到实验效果，最好将混合物进行分离，但是这样不仅浪费时间，而且操作烦琐。

3. 改进措施

U形管中装入颗粒状活性炭，U形管两端分别用棉花塞紧，将约15mL红墨水缓缓倒入U形管的左端。由于U形管是连通器，液体穿过活性炭层慢慢渗透到U形管的右端，红墨水通过活性炭层被吸附掉里面的色素，在右端出现的液体是无色的，且同时与左端液体形成对照，现象明显。

注意：活性炭有颗粒状和粉末状，本实验不能采用粉末状的，否则会造成液体穿过活性炭层的时间过长，影响观察实验效果。

七、人教版第七单元课题1《燃烧的条件》实验改进

1. 教材中的设计

在500mL烧杯中加入300mL热水，并放入用硬纸圈圈住的一小块白磷。在烧杯上盖一片薄铜片，铜片上一端放一小堆干燥的红磷，另一端放一小块已用滤纸吸去表面上的水的白磷，观察现象。用导管对准上述烧杯中的白磷，通入少量氧气或空气，观察现象。

实验中，热水起到提高温度并将水中白磷隔绝空气的作用，铜片起到导热的作用。铜片上的白磷能燃烧而红磷不能燃烧的现象，说明燃烧需要到达可燃物的着火点；铜片上的白磷能燃烧而热水中的白磷不能燃烧的现象，说明燃烧需要氧气或空气；向热水中的白磷通入氧气，白磷燃烧起来，再次说明燃烧需要氧气。学生从第二单元已经知道白磷和红磷都能在空气中燃烧，是可燃物，通过本实验的设计，可以掌握燃烧需要的三个条件。

2. 存在的问题

白磷在空气中燃烧产生的五氧化二磷有毒，会污染空气，实验需要在通风橱或抽风设备下进行，但很多实验室不具备这样的条件；用导管对准烧杯中的白磷通入少量氧气或空气时，由于气流的作用，白磷很容易被移动，不易燃烧。

3. 改进措施

方案一：在500mL烧杯中放入一个橡胶塞（与下面实验的大试管配套），在橡胶塞上放一小块白磷，小心加入300mL热水。取两支小试管，分别放入一小块用滤纸吸干表面水分的白磷和少量红磷，塞上带玻璃管的橡胶塞（玻璃管的一端系上一个气球），将两支试管同时放入烧杯中（图5），让学生观察现象。取一支大试管，收集满氧气，对准橡胶塞倒扣在水中的白磷上方（图6）。这样不仅可以让学生通过实验得出燃烧所需的三个条件，而且将实验中产生的有毒物质五氧化二磷收集在试管中，避免空气污染，适合在教室中直接演示。

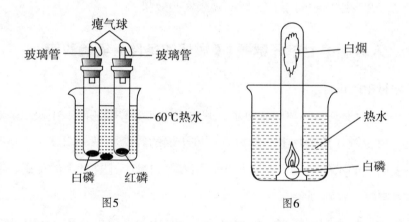

图5　　　　　　　　　　　图6

方案二：设计分组实验，让学生根据教师提供的物品设计方案，探究燃烧的条件。

（1）探究燃烧是否需要可燃物。仪器及药品：玻璃棒、木条、酒精灯、火柴、镊子、石块。

（2）探究燃烧是否需要与氧气充分接触。仪器及药品：蜡烛、酒精灯、火柴、烧杯、木条。

（3）探究燃烧的温度是否要达到着火点。仪器及药品：酒精灯、火柴、纸张、木炭、镊子。

实验用品简单，容易找到，分组实验的成功率高。

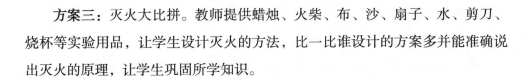

方案三：灭火大比拼。教师提供蜡烛、火柴、布、沙、扇子、水、剪刀、烧杯等实验用品，让学生设计灭火的方法，比一比谁设计的方案多并能准确说出灭火的原理，让学生巩固所学知识。

八、人教版第八单元课题2《金属的化学性质》实验改进

1. 教材中的设计

（1）金属与氧气的反应。让学生回忆以前学过的知识，知道镁和铁都能与氧气反应，引出"大多数金属都能与氧气发生反应，但反应的难易和剧烈程度是不同的"。铝表面形成一层致密的氧化铝薄膜，说明铝、镁等在常温下能与氧气反应。同时，通过文字表达"铁、铜等在常温下几乎不与氧气反应，但在高温时能与氧气反应"，说明铁、铜不如铝、镁活泼。通过"真金不怕火炼"，说明金即使在高温时也不与氧气反应。通过对比，得出"镁、铝比较活泼，铁、铜次之，金最不活泼"的结论。

（2）金属与盐酸、稀硫酸的反应。教材设计了分别在试管里放入少量镁、锌、铁、铜，分别加入5mL稀盐酸，观察现象并比较反应的剧烈程度。如果有气体生成，用燃着的小木条放在试管口，观察现象，判断生成的是什么气体。通过探究得出"镁、锌、铁的金属活动性比铜的强，它们能置换出盐酸或稀硫酸中的氢"的结论。

（3）金属与盐溶液的反应。把一根用砂纸打磨过的铝丝浸入硫酸铜溶液中，过一会儿取出，观察现象。把一根洁净的铜丝浸入硝酸银溶液中，过一会儿取出，观察有什么现象发生。把另一根洁净的铜丝浸入硫酸铝溶液中，过一会儿取出，观察有什么现象发生。通过探究得出铝、铜、银的金属活动性顺序和金属与盐溶液反应的一般规律。

2. 存在的问题

（1）金属与氧气反应缺乏直观的实验现象，使学生较难掌握。

（2）金属与盐酸（稀硫酸）反应，根据教材图片看出实验采用的是镁条、锌粒、铁钉和铜片，金属与酸的接触面积不同，没有控制变量，得出的金属活

动性强弱的结论缺乏说服力。

3. 改进措施

（1）金属与氧气反应。让学生观察久置于空气中的镁条和铝条表面失去金属光泽，再用砂纸打磨，露出银白色、有金属光泽的金属，得出镁和铝常温下在空气中能与氧气反应的结论。在空气中点燃打磨过的镁条和铁丝，观察到镁能燃烧而铁丝不能，得出镁的活动性比铁强的结论。收集两瓶氧气，重现铁丝在氧气中燃烧的实验，将铁丝换成铜丝做同样的实验，观察到铜丝表面变黑，铜丝不能燃烧，得出铁的活动性比铜的活动性强的结论。取一片铜片在酒精灯火焰上灼烧，观察到铜片表面变黑，再取一枚金戒指在酒精灯火焰上灼烧，观察到金戒指不变色，得出铜的活动性比金的活动性强的结论。不同的对照实验，使得金属与氧气反应的剧烈程度可视化，从而让学生比较容易得出金属的活动性强弱的结论。

（2）金属与酸的反应。取四片大小相同的镁片、锌片、铁片和铜片，分别放入四支试管。用四支注射器分别抽取5mL稀盐酸。让两个学生同时将稀盐酸注入四支试管，观察现象并比较反应的剧烈程度。如果有气体生成，用燃着的小木条放在试管口，观察现象，判断生成的是什么气体。控制变量，使得金属与酸接触的表面积相同，与酸接触的时间相同。对比反应的剧烈程度，可以判断金属的活动性强弱。

（3）金属与盐溶液的反应。完成教材设计的实验之后，追问学生：要得出铝、铜、银的金属活动性顺序，上面三个实验需要全部完成吗？有没有可以省略的步骤？还能不能设计出其他实验方案？学生经过讨论可以得出"铝丝浸入硫酸铜溶液"这一步骤可以省略，还可以设计出将铝丝和银丝分别插入硫酸铜溶液，得出铝、铜、银活动性顺序强弱的另一个实验方案。归纳两个实验方案，可以得出"两金夹一液、两液夹一金"探究金属活动性强弱的设计思路。

九、人教版第十单元课题1《常见的酸和碱》中"氢氧化钠和二氧化碳反应"实验改进

1. 教材中的设计

教材首先通过让学生回忆检验二氧化碳的反应的化学方程式，得出"氢氧化钙能与二氧化碳反应，生成碳酸钙"；接着直接抛出"氢氧化钠在空气中不仅吸收水分，还会与二氧化碳发生反应，所以氢氧化钠必须密封保存"这一知识点。

2. 存在的问题

知识点直接抛出，缺乏实验的支撑，使学生难以接受，导致学生死记硬背结论，不利于学生学科素养的培养。

3. 改进措施

取两支试管，分别加入等量的氢氧化钠溶液和澄清石灰水，通入二氧化碳气体，观察现象。澄清石灰水变浑浊而氢氧化钠溶液无明显现象，抛出问题："是不是氢氧化钠不能与二氧化碳发生反应？"取两个质地较软的塑料瓶，收集满二氧化碳，分别倒入等量的氢氧化钠溶液和水，立即旋紧瓶盖，振荡，观察塑料瓶变瘪的情况。倒入氢氧化钠溶液的塑料瓶变得更瘪了，证明氢氧化钠能与二氧化碳发生反应。对照氢氧化钙与二氧化碳反应的化学方程式，引导学生写出氢氧化钠与二氧化碳反应的化学方程式。

家庭小实验

一、开拓身边的化学实验室

《义务教育化学课程标准（2011年版）》在前言中提道："义务教育阶段的化学教育，要激发学生学习化学的好奇心，……启迪学生的科学思维，培养学生的实践能力。"因此教材除安排了演示实验、探究实验外，还安排了近10个课外实验。《义务教育化学课程标准（2011年版）》在前言中的"课程基本理念"还提道："注意从学生已有的经验出发，让他们在熟悉的生活情景和社会实践中感受化学的重要性，了解化学与日常生活的密切关系。"家庭小实验即新教材中的课外实验，十分符合这一理念，它能从学生熟悉的事物入手去培养学生的学习兴趣、动手能力及分析解决问题的能力。

2012版的"课外实验"，其前身是之前版本中的"家庭小实验"。旧版中家庭小实验为上册3个，下册6个；2012版的为上册3个，下册5个。具体内容见表1。

表1

年级	旧版（家庭小实验）	2012版（课外实验）
九年级上册	1.自制简易净水器。 2.石墨导电实验、生成炭黑的实验。 3.鸡蛋壳与食醋的反应	1.自制简易净水器。 2.石墨导电实验、生成炭黑的实验。 3.鸡蛋壳与食醋的反应

续 表

年级	旧版（家庭小实验）	2012版（课外实验）
九年级下册	1.金属的淬火和回火两种热处理。 2.清洗餐具。 3.制取明矾晶体。 4.自制汽水。 5.制作叶脉书签。 6.有关保鲜膜实验	1.金属的淬火和回火两种热处理。 2.制取白糖晶体。 3.自制汽水。 4.鲜花变色实验、制作叶脉书签。 5.有关保鲜膜实验，观察塑料、铁片、木片埋入潮湿土壤两周后的实验

其中，上册的三个实验没有变动，依旧是《水的净化》中的"自制简易净水器"、《金刚石、石墨和C_{60}》中的"石墨导电实验"和"生成炭黑的实验"以及《二氧化碳和一氧化碳》中的"鸡蛋壳与食醋的反应"。而下册的课外实验则有了较大的变动，如删减了《溶液的形成》中的"清洗餐具"实验，《溶解度》中的"制取明矾晶体"实验改成了"自制白糖晶体"实验，《常见的酸和碱》在原来"制作叶脉书签"的基础上增加了"鲜花变色实验"，以及《有机合成材料》在原来"有关保鲜膜实验"的基础上增加了"观察塑料、铁片、木片埋入潮湿土壤两周后"的实验。

课外实验在九年级化学教材中占有重要的地位，几次教材改版中，课外实验没有被大幅度删减，而是在原有的基础上做适当的修改，使得课外实验的内容更加符合学生的学习条件，更加紧密地联系学生的生活实际。例如，将明矾改为白糖，使得实验用品更容易获得。其实在我们的身边，很多常见的物品和废弃品都可以用来开展课外实验，只要善于发现，化学实验室就在我们身边。

二、寻找身边的化学仪器

在日常生活中，很多物品与化学实验室的仪器非常相似，用途也非常相似，教师可以引导学生一起寻找替代品（表2）。学生充分利用身边的用品和一些废弃品，不仅能在家里利用课外时间开展家庭小实验，还能在家里完成课本中的一些探究实验，弥补部分学校不能经常开展分组实验的不足，不断提升自己的动手能力、探究能力、思考问题和解决问题能力。

表2

仪器	替代品
玻璃棒	筷子
烧杯	玻璃杯
集气瓶	矿泉水瓶
试管	矿泉水瓶

续 表

仪器	替代品
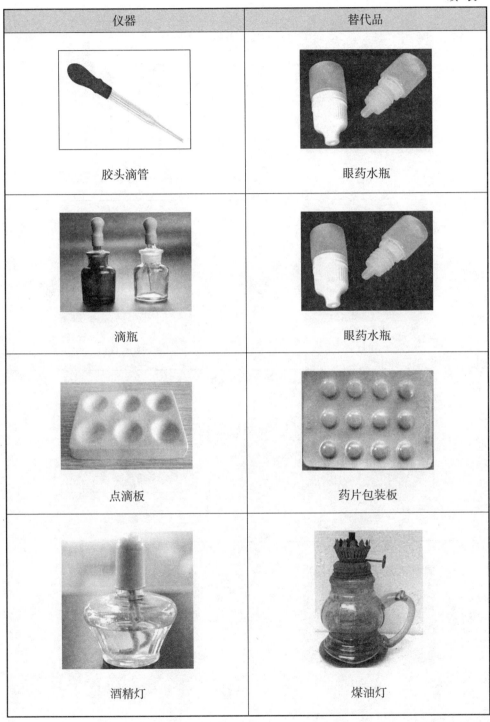 胶头滴管	眼药水瓶
滴瓶	眼药水瓶
点滴板	药片包装板
酒精灯	煤油灯

仪器	替代品
导管	吸管
导管	输液管
药匙	汤匙
水槽	塑料脸盆

续　表

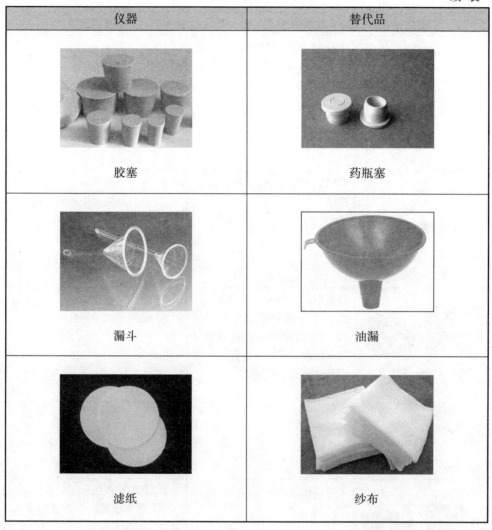

仪器	替代品
胶塞	药瓶塞
漏斗	油漏
滤纸	纱布

其实，学生的能力超出教师的想象，教师只要给予学生适当的指导，学生就会找出很多实验仪器的替代品。

三、寻找身边的化学药品

日常生活中的很多常见的物质都能用来完成探究实验（表3），而它们往往是一些人们容易随意丢弃的物质，只要注意收集，很多初中化学探究实验就能够在课外完成。

表3

物品	主要成分及化学性质	可开展实验
食品干燥剂	生石灰，学名氧化钙。其吸水能力是通过化学反应来实现的。氧化钙与水反应会生成氢氧化钙并放出热量	（1）加水放出热量，让学生感受化学变化中的能量变化，理解自热火锅的原理。 （2）配制澄清石灰水，开展一系列实验
白醋	醋酸，学名乙酸。具有酸的性质	（1）会运动的鸡蛋。 （2）与自制酸碱指示剂作用。 （3）除去水壶中的水垢。 （4）制取二氧化碳
鸡蛋壳　石灰石 贝壳　珍珠	鸡蛋壳、石灰石、大理石、贝壳、珍珠的主要成分是碳酸钙，碳酸钙能与盐酸反应生成二氧化碳，碳酸钙也能通过高温分解生成二氧化碳	（1）制取二氧化碳。 （2）碳酸根离子的检验
紫甘蓝　兰花	紫甘蓝和兰花都可以制成酸碱指示剂	（1）自制酸碱指示剂。 （2）测家里厨房和厕所里面各种物品的酸碱性
双氧水	双氧水即过氧化氢溶液，具有强氧化性，常温下会分解放出氧气，如果加入催化剂，分解速率就会加快	（1）探究催化剂的性质。 （2）制取氧气

续　表

物品	主要成分及化学性质	可开展实验
猪肝	猪肝中含有过氧化氢酶，可以使双氧水分解为水和氧气的速率加快	（1）探究催化剂的性质。 （2）制取氧气
食用小苏打	小苏打，学名碳酸氢钠。受热分解会放出二氧化碳，能与酸反应放出二氧化碳	（1）与食醋反应生成二氧化碳，检验碳酸氢根离子。 （2）发酵面团
食盐	食盐，主要成分是氯化钠。氯化钠可用于配制生理盐水	配制溶质质量分数一定的氯化钠溶液

四、开启身边的化学实验之旅

实验一：神奇的干燥剂

1. 实验用品的准备

仪器：玻璃杯1个、筷子1根、纱布、矿泉水瓶1个。

其他用品：鹌鹑蛋4个、膨化食品干燥剂。

2. 实验步骤

（1）取一个玻璃杯，将鹌鹑蛋小心放入，拿出膨化食品干燥剂，小心拆开袋子，将里面的白色粉末全部倒入玻璃杯，盖住鹌鹑蛋，加入水至淹没干燥剂，观察现象。

（2）待玻璃杯冷却后取出鹌鹑蛋，洗净，剥开蛋壳，观察鹌鹑蛋是否熟了。

（3）向玻璃杯中加水，用筷子搅拌，观察固体是否完全溶于水。

（4）将玻璃杯中的混合物静置一段时间后（约两个小时，浸泡时最好稍微盖上盖子），用纱布过滤，取上层清液，装于矿泉水瓶中，盖紧瓶盖，贴上标签，写上"澄清石灰水"，备用。

（5）再向玻璃杯中加水，用筷子搅拌，静置，置于空气中，几天后记录现象。

3. 记录与分析

记录表格见表4。

表4

实验步骤	现象	分析
1		
2		
3		
5		

4. 自主学习资料

（1）膨化食品干燥剂大多数为生石灰，生石灰与水反应生成氢氧化钙并放出热量，本实验我们利用该反应放出的热量将生的鹌鹑蛋煮熟。日常生活中在超市购买的"自热米饭""自嗨火锅"等都利用这个原理。化学反应经常伴随能量的变化，能量的变化经常被我们应用在日常生活和工业生产中。

（2）氢氧化钙是白色物质，微溶于水，其水溶液经常称为"澄清石灰水"，澄清石灰水可用于检验二氧化碳，我们后面很多实验会用到该物质。氢氧化钙在空气中会与二氧化碳反应生成不溶于水的碳酸钙，所以盛放石灰水的矿泉水瓶要盖紧瓶盖，防止石灰水变质。

（3）长期盛放石灰水的试剂瓶壁会有一层白膜形成，这层白膜的主要成分是碳酸钙，可以用食醋洗去，这也是我们除去水壶中水垢的原理。

实验二：对人体吸入的空气和呼出气体的探究

1. 实验用品的准备

仪器：矿泉水瓶4个、脸盆1个、吸管1根、煤油灯、眼药水瓶、眼镜。

其他用品：火柴、小木条。

2. 实验步骤

（1）取两个空的矿泉水瓶，盖上盖子，收集两瓶空气，并做好标识。

（2）用脸盆装半盆水，取一个矿泉水瓶装满水，倒扣在脸盆中，稍微倾斜，伸入吸管，用嘴缓缓吹气，使水慢慢排出矿泉水瓶，待矿泉水瓶中的水完全排出后，在水下把瓶盖盖上，取出矿泉水瓶。这样就收集到一矿泉水瓶人体呼出的气体。按照这样的操作再收集另外一瓶，并做好标识。

（3）点燃煤油灯，在火焰上点燃小木条，打开一瓶空的矿泉水瓶的瓶盖，伸入燃着的木条，观察现象。打开一瓶装有人体呼出气体的矿泉水瓶的瓶盖，伸入燃着的木条，观察现象，做好记录。

（4）打开一瓶空的矿泉水瓶的瓶盖，用眼药水瓶吸少量澄清石灰水滴入瓶中，观察现象。打开一瓶装有人体呼出气体的矿泉水瓶的瓶盖，用眼药水瓶吸少量澄清石灰水滴入瓶中，观察现象，并做好记录。

（5）拿出眼镜，对其中一片镜片吹气，观察现象，并做好记录。

3. 记录与分析

记录表格见表5。

表5

实验步骤	现象	分析
1		
2		
3		
结论		

4. 自主学习资料

（1）本实验中收集人体呼出气体的方法为排水集气法，这是后面我们学习气体收集的方法之一，适用于收集不易或难溶于水且不与水反应的气体。

（2）氧气具有助燃性，所以可燃物可以在空气中燃烧；二氧化碳不能燃烧也不支持燃烧，所以可用来灭火。

（3）二氧化碳可以和石灰水反应生成不溶于水的碳酸钙，这就是我们后面经常说的"二氧化碳能使澄清石灰水变浑浊"，因此可以用澄清石灰水检验二氧化碳。

实验三：对煤油灯火焰的探究

1. 实验用品的准备

仪器：煤油灯、玻璃杯。

其他用品：火柴、小木条。

药品：石灰水。

2. 实验步骤

（1）取下煤油灯灯罩，点燃煤油灯，注意观察火焰分几层，哪一层最亮，哪一层最暗。

（2）取一根小木条，平放入火焰中，约1秒后取出，观察木条与火焰接触部分出现的现象。

（3）将干燥的玻璃杯罩在火焰上方，观察现象。

（4）取下玻璃杯，迅速倒入澄清石灰水，振荡，观察现象。

3. 实验结论

（1）煤油灯火焰分为＿＿＿＿＿＿层。

（2）与火焰接触的部分变得最黑，由此可知，＿＿＿＿＿＿＿焰温度最高，＿＿＿＿＿＿焰温度最低。

（3）罩在火焰上方的干燥玻璃杯杯壁有＿＿＿＿＿出现，由此得出燃烧后有＿＿＿＿＿生成。

（4）注入澄清石灰水后，石灰水变＿＿＿＿＿＿＿＿＿，由此得出燃烧后有＿＿＿＿＿＿生成。

4. 开心小问题

小明点燃打火机，对同伴说："我敢用手捏火焰，并且可以把火掐灭。"你能揭开他的秘密吗？

5. 自主学习资料

蜡烛的主要原料是石蜡，石蜡含碳元素约85%，含氢元素约15%。我们看到的蜡烛燃烧并不是石蜡固体的燃烧，而是点火装置将棉芯点燃，放出的热量使石蜡固体熔化，再汽化，生成石蜡蒸气，石蜡蒸气是可燃的。

实验四：探究猪肝对过氧化氢分解的催化作用

1. 实验用品的准备

药用双氧水、猪肝、小木条、废弃的小玻璃瓶、火柴。

2. 实验步骤

（1）称量一小片猪肝的质量。

（2）将约5mL的药用双氧水倒入废弃的小玻璃瓶中，伸入带火星的小木条，观察现象。

（3）将步骤（1）中的猪肝放入步骤（2）的小玻璃瓶中，伸入带火星的小木条，观察现象。

（4）待上述瓶中没有现象发生时，重新加入双氧水，并伸入带火星的小木条，观察现象。待上述瓶中又没有现象发生时，再重复上述实验现象。

（5）取出猪肝，用纸巾吸干其表面的水分，重新称量其质量，与步骤（1）比较。

3. 记录与分析

记录表格见表6。

表6

实验步骤	现象	分析
1		
2		
3		
结论		

4. 自主学习资料

（1）过氧化氢是一种强氧化剂，其水溶液俗称双氧水，为无色透明液体。双氧水适用于医用伤口消毒、环境消毒及食品消毒。过氧化氢在一般情况下会缓慢分解成水和氧气，加快其反应速度的办法是加入催化剂。

（2）可以做过氧化氢分解的催化剂的物质不仅有课本学到的二氧化锰，生活中的土豆、新鲜猪肝、红砖粉末等物质也可以加快过氧化氢的分解。

（3）用双氧水对伤口进行消毒时，因为过氧化氢不稳定，遇到有机物或者遇到伤口上的异物会分解，从而生成水和氧气，所以在伤口消毒时会出现气泡或者泡沫。

实验五：会运动的鸡蛋

1. 实验用品的准备

鸡蛋一个、食醋、玻璃杯一个、玻璃片、澄清石灰水。

2. 实验步骤

（1）将鸡蛋洗干净放入玻璃杯中（注意玻璃杯必须足够大）。

（2）往玻璃杯中倒入食醋淹没鸡蛋并约占玻璃杯体积的80%。

（3）把涂有澄清石灰水的玻璃片盖在玻璃杯上。

（4）观察鸡蛋在玻璃杯中的运动情况和玻璃片的变化。

3. 思考与分析

（1）鸡蛋壳的主要成分是什么？

（2）食醋的主要成分是什么？

（3）两者接触后会发生什么反应？

（4）结合物理知识，你能解释鸡蛋运动的原因吗？

温馨提示：有兴趣的同学还可以在百度搜索一下"醋蛋"和"醋蛋液"的功效，你会有收获的。

4. 自主学习资料

鸡蛋壳的主要成分是碳酸钙（化学式为$CaCO_3$），食醋的主要成分是醋酸（化学名称是乙酸，化学式为CH_3COOH），碳酸钙和醋酸反应的化学方程式为$CaCO_3 + 2CH_3COOH = Ca(CH_3COO)_2 + H_2O + CO_2\uparrow$。当鸡蛋接触到食醋的时候，碳酸钙与醋酸发生反应产生气泡，附在鸡蛋壳表面，使得鸡蛋受到的浮力大于重力，鸡蛋向上运动。到杯口时，气泡破裂，鸡蛋的重力大于浮力，鸡蛋下沉。如此反复，可以看到鸡蛋在玻璃杯中上下运动。

实验六：验证碳酸型饮料里面含有二氧化碳

1. 实验用品的准备

碳酸型饮料一瓶、吸管、矿泉水瓶、酒精灯、试管、试管夹。

2. 实验步骤

（1）打开一瓶碳酸饮料，观察现象。

（2）将饮料瓶盖换成带导管的矿泉水瓶盖，将气体通入盛有石灰水的矿泉水瓶，观察现象。

（3）当看到明显现象后，继续将气体通入盛有澄清石灰水的矿泉水瓶，观察现象。

（4）当再次看到明显现象后，将矿泉水瓶里的液体倒入试管中，用试管夹夹持，在酒精灯火焰上加热，观察现象。

3. 记录与分析

记录表格见表7。

表7

实验步骤	现象	分析
1		
2		
3		
4		
结论		

4. 自主学习资料

（1）碳酸饮料（汽水）类产品是指在一定条件下充入二氧化碳气体的饮料。可乐等碳酸型饮料深受大家的喜爱，尤其受年轻一族和许多孩子喜爱。健康专家提醒，过量饮用碳酸饮料，其中的高磷可能会改变人体的钙、磷比例。研究人员还发现，与不过量饮用碳酸饮料的人相比，过量饮用碳酸饮料的人骨折危险会增加大约3倍；而在体力活动剧烈的同时，再过量地饮用碳酸饮料，其骨折的危险可能增加5倍。专家提醒，儿童期、青春期是骨骼发育的重要时期，在这个时期，孩子们活动量大，如果食物中高磷低钙的摄入量不均衡，再加上喝过多的碳酸饮料，则要引起足够的重视。因为它不仅可能会对骨峰量产生负面影响，还可能会给将来发生骨质疏松埋下隐患。

（2）碳酸饮料中的二氧化碳通入澄清石灰水时会发生反应：$Ca(OH)_2 + CO_2 = CaCO_3\downarrow + H_2O$；继续不断通入二氧化碳会发生反应：$CaCO_3 + H_2O + CO_2 = Ca(HCO_3)_2$；溶有$Ca(HCO_3)_2$的水加热时，$Ca(HCO_3)_2$会分解重新生成碳酸钙和二氧化碳：$Ca(HCO_3)_2 = CaCO_3\downarrow + H_2O + CO_2\uparrow$。自然界的溶洞都分布在石灰岩组成的山洞中，石灰岩的主要成分是碳酸钙。当碳酸钙遇到溶有二氧化碳的水时会发生反应，生成溶解性较大的碳酸氢钙。溶有碳酸氢钙的水遇热或当压强突然变小时，溶解在水里的碳酸氢钙就会分解，重新生成碳酸钙沉积下来。洞顶的水在慢慢向下渗漏时，水中的碳酸氢钙发生上述反应，有的沉积在洞顶，有的沉积在洞底，日久天长洞顶就形成了钟乳石，洞底就形成了石笋。当钟乳石与石笋相连时就形成了石柱，这样就形成了形态各异的溶洞。

实验七：蜡烛在不同条件下的燃烧

1. 实验用品的准备

蜡烛、玻璃杯3个、苏打粉、食醋。

2. 实验步骤

（1）点燃3支蜡烛，第1支扣一个玻璃杯，另外两支分别放在两个玻璃杯中，然后向其中一个玻璃杯中加入适量的苏打粉和食醋，观察现象并分析记录（表8）。

表8

实验步骤	现象	分析
1		
2		
3		

（2）点燃一高一低两支蜡烛，扣一个玻璃杯，观察现象并做记录（表9）。

表9

现象	分析

3. 我思我获

（1）根据实验步骤（1）的分析，你能得出灭火的原理吗？

（2）根据实验步骤（2），你能理解为什么火灾时必须蹲下靠近地面跑离着火区域吗？

4. 自主学习资料

（1）生活中的苏打粉的主要成分是碳酸氢钠，俗称"小苏打"，是白色细小晶体，常用来作为食品制作过程中的膨松剂。

（2）蜡烛燃烧生成的热的二氧化碳气体体积变大，密度变得比空气小，会聚集在烧杯的上方，使上层蜡烛先熄灭，下层蜡烛后熄灭。当发生火灾时，这样的结果也会出现，因此火灾时必须蹲下靠近地面跑离着火区域。

实验八：自制酸碱指示剂

1. 实验用品的准备

植物（牵牛花、紫甘蓝、兰花等）的花瓣或果实、瓷碗、酒精、纱布、竹筷。

2. 实验步骤

（1）取几种植物（牵牛花、紫甘蓝、兰花等）的花瓣或果实，先用清水轻轻冲洗掉花瓣上的尘土，再放入洁净的瓷碗中。用洁净的竹筷将花瓣捣成浆状，加入乙醇与水的体积比为1：1的酒精浸泡。

（2）用纱布将浸泡出的汁液过滤或挤出，得到指示剂。

（3）将指示剂分别滴到食醋和小苏打溶液中，观察颜色的变化并做记录，归纳自制的指示剂在酸性和碱性溶液中颜色变化的情况。

（4）对比实验结果，比较所制得的指示剂中哪些在酸、碱溶液中的颜色变化明显，选择颜色变化明显的植物色素提取液作为酸碱指示剂。

（5）用所制得的指示剂检验家里的洗发水、护发素、沐浴露、洗洁精、洁厕灵、厨房清洁剂等物品的酸碱性。

（6）在家里的花盆里取少量土壤样品，将土壤样品与蒸馏水按1：5的质量比在瓷碗中混合，充分搅拌后静置。取上层清液，用所制得的指示剂检验其酸碱性。

3. 自主学习资料

自然界中有些植物的花、叶、茎、根、果实中含有一些植物色素，主要是花青素，花青素在不同的酸碱环境中能呈现出不同的颜色，因此可用来做酸碱指示剂。

普通的洗发水都是碱性的，因为碱性洗发水具有很好的去污效果，但是却对发质有损伤，会使毛鳞片打开，从而使头发变得毛糙不易打理。碱性洗发水可以很快将油分清除，油性发质用后会很干净。但长期使用碱性洗发水会破坏头发的pH值，所以用完碱性的洁发产品一定要用护发素等，否则发质会越来越差。

沐浴露有酸性的，也有碱性的，人的皮肤的pH值是不一样的，pH值为5～6就是弱酸性的，大多数人都是弱酸性的皮肤，使用相同性质的沐浴露，才能把皮肤上的毛孔打开，才能达到深层清洁的目的。香皂是碱性的，用香皂洗澡后，很容易出现皮肤干燥紧绷的情况。

洁厕灵是酸性的，主要成分是盐酸，能有效快捷地消除卫生间的臭味、异味，清洁空气；对细菌繁殖体、芽孢、病毒、结核杆菌和真菌能有良好的杀灭作用，对陶瓷类日用品，如便器、瓷砖、水池表面具有良好的去污除垢的作用，尤其对尿垢、尿碱尤为有效。

84消毒液是碱性洗涤剂，主要成分是次氯酸钠。洁厕灵与84消毒液结合，会产生有毒的氯气，因此不能一起使用。